JN273658

日本弁護士連合会 編

国際刑事裁判所の扉をあける

現代人文社

国際刑事裁判所の扉をあける

発刊によせて

　刑事司法は、誰のためにあるのか。そして誰が創っていくのか。

　国家は、犯罪を処罰し、市民を守るために、刑事司法制度を運営する。しかし、その国家自身が市民に対し人権侵害や犯罪の牙をむくことがあることは、歴史を振り返り、あるいは地球上を見まわせば、過酷な現実である。そして、法律家によって運営される刑事司法に翻弄される市民は、どのように制度への信頼を培うことができるのだろうか。

　人類史上初めての試みとなった、常設かつ独立の国際刑事裁判所（ICC）の設立は、私たちをそのような根源的な問いに導く。戦争の世紀と呼ばれた20世紀の最後に採択されたICCローマ規程は、人類の英知の所産であることは疑いようもない。数々の残虐行為の犠牲者に思いをよせ、残虐行為の防止と平和を求め、国家や軍事力を盾とした不処罰の文化を終了させるために、諸国家が協力するという理念は、崇高なものである。人間が犯してきた過ちをこの地球上から根絶できるのも人間であるという確信にこの制度は立脚する。そして、日本もようやく2007年、ICCローマ規程に加盟してその理念と確信とを国家として担うこととなった。しかしその理念をどのように現実のものとしていくのか。それは規程を締結した諸国家以上に、ICCの運営に関わり、そしてそれを支える全世界の法律家の使命として残されている。

　2007年5月に、日本の加盟決定と機を一にして東京で開催された国際刑事弁護士会（ICB）拡大理事会とそれに続く国際刑事法セミナーは、全世界、とりわけアジア太平洋地域の法律家が、自らの法文化と経験をもとにICCのあり方を考えていく、よい機会であった。日本の法律家も、取調べの可視化、被害者の権利、そして弁護士の積極的な役割など、ICCの制度や各国の刑事司法の経験に多くを学ぶこととなった。そして参加者が何よりも確信したことは、法律家は言葉や法文化がどのように違っていても刑事司法に対する同じ存在理由を共有しているということであった。正義と人権の実現、それは法律家の存在理由でもあり、地球上

の人間が共通にめざすべきものでもある。

　そのような法律家の存在理由や刑事司法を究極的に支えるのは、いうまでもなく市民である。日本も裁判員制度の実現によって、今まで以上に、刑事司法制度に市民の声を吹き込もうとしている。国際社会によって運営されるICCもそのような市民の声や貢献なくしては成り立ち得ない。その意味で、ICCや各国の刑事司法制度について多くの意見を交わされた本書を、ぜひ法律家ではない市民の方々にも読んでいただきたい。刑事司法は、誰のためにあるのか、誰が創っていくのか、そのような問いそして時には苦悩を、同じ人間として共有していただければ幸いである。

　2008年3月

日本弁護士連合会
会長　平山正剛

はじめに

　戦争や侵略、人道に反する各種の行為に対し、暴力と報復の連鎖ではなく、常設の国際刑事裁判所による国際的な法の支配の確立を対置しようという構想は、古くから提唱されながら、長く日の目をみてこなかった。しかし、戦争の世紀と呼ばれた20世紀に終止符を打つべく、1998年、世界の多くの国々は、国際社会にとって最も重大な犯罪である「ジェノサイド（集団殺害）」、「人道に対する罪」、「戦争犯罪」および「侵略犯罪」の4類型の犯罪の実行行為者や指揮命令をなした者を、同裁判所に設置される独立の検察官が、捜査を遂げて、訴追し、同じく独立の裁判官が　国際的に確立した刑事手続に基づいて裁くことを目的とする、常設かつ独立の裁判所の設立に合意した。国際刑事裁判所・ICCに関するローマ規程の成立である。限定された管轄権しか有さず、アメリカ、ロシアなどが未加盟という状態にあるとはいえ、国家主権の枠を超えて、常設の独立した国際機関が、国際社会に法の支配を貫徹しようというシステムの始まりという意味では、歴史的な画期ともいいうるものであった。

　そして、2007年7月17日、ようやく日本政府も、ニューヨーク国連本部に、このローマ規程への加入書の寄託を行い、世界で105カ国目の加盟国としてローマ規程を批准した。同年10月1日には、ローマ規程およびその履行のための「国際刑事裁判所に対する協力等に関する法律」が国内で発効し、国際刑事裁判所（ICC）の管轄権を受託し、11月には初めて日本国籍のICC判事も誕生することとなった。

　これに先立ち、日弁連は、それまでの日本国内におけるICC加盟へ向けての世論喚起などの活動を踏まえ、より一層、それを促進するとともに、ICCや国際刑事裁判に対する関心が全般的に低調とされてきたアジア地域でのICCへの関心を高めるべく、国際刑事裁判に積極的に関与する世界の弁護士の国際組織である国際刑事弁護士会（ICB）の2007年度の総会ないし理事会を初めてアジアで開催すべきことを提案し、会内に「ICB拡大理事会等実行ワーキンググループ」を発足させて準備にあたり、2007年5月18日のICBの拡大理事会の東京開催に結実させてきた。

それと同時に日弁連は、世界各地の国際刑事弁護士が集う ICB 拡大理事会に合わせて、アジア各国の弁護士会にも呼びかけ、2007 年 5 月 18 日、19 日の両日、国際刑事弁護士会（ICB）とアジア太平洋法律家協会（LAWASIA）との三者共催で、ICC の判事や書記局関係者やアジア各国の弁護士会、刑事弁護士の参加をも得て、「国際刑事裁判所、国際刑事弁護士会、アジア・太平洋地域の法曹との懇談会」および「国際刑事法セミナー」を開催し、成功裏にこれを終えた。これらの懇談会や国際刑事法セミナーにおいては、ICC における武器対等原則や被害者保護の実情や課題、弁護権が ICC の第三の柱として確立されるべきことや ICB の果たすべき役割などが浮き彫りにされるとともに、アジア地域の各国の国内刑事手続が抱える問題点について忌憚のない情報交換と討議もなされた。

　本書は基本的には、その成果を 2 部構成でとりまとめたものである。

　本書の第 1 部は、この懇談会と国際刑事法セミナーの準備の前後を通じて、日弁連 ICB 拡大理事会等実行ワーキンググループが行ってきた研究成果を、ICC の設立経過や手続全般にわたっての論点、テーマ別に各執筆者の責任において、国際刑事裁判所に関する「入門書」たるべくまとめている。

　本書の第 2 部は、実際の国際刑事法セミナーおよび懇談会、プレシンポジウムなどの内容を、ICC 関連だけでなく、アジア各国の国内刑事法の問題を含め、日弁連 ICB 拡大理事会等実行ワーキンググループの責任において要約して報告するものである。

　ICC の刑事手続は、異った制度や法文化を有する各国の合意による制度であって、今後、刑事手続に関するある種の国際スタンダードに発展しうる可能性を孕み、今回の批准によりわが国内での直接の適用がありうるにもかかわらず、いまだ、その手続を論じた書籍、文献は多くない。

　そのなかで、本書は、一人でも多くの弁護士、研究者や法科大学院生等の法曹をめざす方々に国際刑事裁判手続に関心をもっていただく端緒となることを期待して刊行するものであるが、これらの法律関係者以外の方々にも、本書を通じて、国際刑事裁判手続に関心を持っていただき、ICC の手続や現状、そこでの弁護人の活動などへの理解の一助としていただけるなら、幸いである。

日弁連 ICB 拡大理事会等実行ワーキンググループ座長
中村順英

国際刑事裁判所の扉をあける ｜ 目　次

発行によせて　*ii*

はじめに　*iv*

第1部
解説：国際刑事裁判所・国際刑事弁護士会

第1章 ◉ 安藤泰子
国際刑事裁判所とは何か
―― 設立経緯と組織の概要
 1．ICC設立に至る経緯　*3*
 2．歴史的意義　*8*
 3．ICCの構成、特徴　*8*
 4．ICC規程の概要と特徴　*11*
 5．今後の課題　*13*

第2章 ◉ 森下忠
国際刑事裁判所の管轄権と管轄犯罪
 1．ICCの管轄権　*17*
 2．管轄権行使の前提条件　*18*
 3．管轄権の行使（規程13条）　*19*
 4．管轄犯罪　*20*
 5．ジェノサイドの罪　*20*
 6．人道に対する罪　*22*
 7．戦争犯罪　*27*
 8．適用法　*34*
 9．あとがき　*36*

第3章 ● 新倉 修
国際刑事裁判所における刑事手続法と被告人の権利
1. 総説 *39*
2. ICCの手続 *41*

第4章 ● 西山 温
国際刑事裁判所の手続における被害者の立場
1. はじめに *64*
2. 被害者の定義 *65*
3. ICCにおける被害者のための人的組織・制度 *68*
4. 被害者(又は証人)の保護・援助 *76*
5. 被害者の手続参加 *82*
6. 被害者の民事的救済 *87*
7. おわりに *89*

第5章 ● 中村順英
国際刑事裁判所における防御権・弁護権
1. はじめに──国際刑事裁判の正統性と弁護権 *92*
2. ICCにおける被疑者・被告人の権利保障と弁護権 *96*
3. ICCにおける弁護権・武器対等原則の発展 *101*
4. ICCにおける武器対等についての議論状況 *107*
5. 国際刑事弁護士会(ICB)の果たす役割と課題 *112*
6. おわりに *115*

第6章 ● 鈴木雅子
国際刑事裁判所規程と国内法
──ドイツと日本を例に
1. 序論 *120*
2. ICC規程が求める国内法の整備 *121*
3. 各国の立法例──ドイツと日本の比較 *125*
4. おわりに *133*

第2部
報告：国際刑事弁護士会拡大理事会・国際刑事セミナー

第1章 ● 東澤 靖
国際刑事弁護士会拡大理事会・国際刑事セミナーにいたる道のり
1. 日弁連とICCとの関わり　*139*
2. 日弁連のICBへの加入　*141*
3. ICB拡大理事会東京開催の決定　*143*

第2章 ● 一井泰淳
国際刑事セミナーのプレ・シンポジウム
ICC規程への加入が国内刑事司法を変える!?
1. プレ・シンポジウムの開催について　*145*
2. 基調報告 ICCへの加入と国内法制への影響
 ――ドイツの経験から（フィリップ・オステン氏）　*146*

第3章 ● 鈴木敦士
ICC、ICB、ローエイシア、アジア・太平洋地域の法曹との懇談会
1. はじめに　*154*
2. ICCの概要およびICCからアジアへ期待すること（ディディアー・オステン氏）　*155*
3. ICBの概要とICCにおける役割（エバハード・ケンプ氏）　*156*
4. ローエイシアからの報告（ゴードン・ヒューズ氏）　*157*
5. アジア各国の弁護士会代表者からの報告
 各国におけるICCおよび同裁判所で取り扱われる各課題についての
 現状・発展（キム・ボンス氏、ピシャワ・K・マイナリ氏、ブン・ホン氏、中村順英氏）　*158*
6. ICCからのコメント（ソン・サンヒュン氏）　*163*
7. 会場との質疑応答　*164*

第4章 ● 宮家俊治
国際刑事セミナーの基調報告
ICCにおける武器対等原則と被害者
 1．ICCにおける武器対等の原則(ソン・サンヒュン氏)　*165*
 2．ICCにおける被害者(ディディアー・プレイラ氏)　*168*

第5章 ● 宮家俊治
パネルディスカッション1
国際刑事手続における武器対等の原則
 1．はじめに　*170*
 2．国際刑事手続における武器対等原則
  ：弁護のための公設弁護士事務所の役割(ザビエル・ジーン・ケイタ氏)　*171*
 3．武器対等原則における弁護士会の役割(エリーゼ・グロー氏)　*173*
 4．国際刑事実務における武器対等原則(ダニエル・アシャック氏)　*174*
 5．ICC規程の国内手続に与える影響(シュテファン・キルシュ氏)　*175*

第6章 ● 原田いづみ
パネルディスカッション2
各国刑事手続における武器対等の原則
 1．はじめに　*177*
 2．日本における証拠開示の問題と武器対等(前田裕司氏)　*177*
 3．韓国における新しい刑事手続(キム・ボンス氏)　*178*
 4．香港における被疑者取調べのビデオ録画制度(ジョン・リーディング氏)　*179*
 5．インドにおける刑事司法制度の現状と問題(トゥルシ氏)　*180*
 6．中国における刑事訴訟法の現状と今後(リ・ション・ウェイ氏)　*180*

第7章 ● 原田いづみ
パネルディスカッション3
国際／国内刑事手続における被害者
 1．はじめに　*182*
 2．ICCにおける被害者(パオリーナ・マシッダ氏)　*182*
 3．香港における被害者の権利(ジョン・リーディング氏)　*183*
 4．オーストラリアにおける被害者(レックス・ラズリー氏)　*184*
 5．カンボジア王国におけるカンボジア特別法廷と被害者(リー・タイセン氏)　*185*
 6．国際人道法に基づく個人補償請求権と日本裁判(鈴木五十三氏)　*186*

ICB 拡大理事会及び国際刑事セミナープログラム　*188*

2007年5月東京会合によせて（ジェロエン・ブロゥワー） *190*

あとがき　*194*

執筆者プロフィール　*196*

＊国際刑事裁判所規程（ICC規程）、国際刑事裁判所に対する協力等に関する法律（協力法）などの条文は、以下のホームページに掲載されている。
- 外務省ホームページ
   http://www.mofa.go.jp/mofaj/gaiko/icc/index.html
- 規程等の原文
   http://www.icc-cpi.int/legaltools/

第1部

解説：
国際刑事裁判所・
国際刑事弁護士会

第1章
国際刑事裁判所とは何か
——設立経緯と組織の概要

安藤泰子

1. ICC 設立に至る経緯

　2003年3月、集団殺害犯罪（ジェノサイド）や人道に対する犯罪などの最も重大な国際犯罪を犯した個人を裁く史上初の常設国際刑事裁判所（International Criminal Court：以下、「ICC」と略称）が設立された。
　「戦争の世紀」といわれた前世紀に、国際社会は幾多の悲惨な戦争を体験した。そして皮肉にもそれが、戦争違法化や人権法・人道法の発展、国際刑事裁判所の設立を促すこととなった。平和を希求する国際世論は、戦争が国際犯罪であり、非人道的行為や重大な国際犯罪を犯した個人を審理・処罰しようという意思を次第に国際社会に浸透させていく。国際社会は、世界各地で相次ぐ紛争や蛮行に対し、「法の支配」を確立すべく国際裁判所の創設を試みることとなった。
　国際刑事裁判所を設立しようとする起点は、第1次世界大戦後に開催されたパリ講和会議に求められる。以来、この構想は時の国際政治に影響を受けながら世紀を越えて実現されるに至った。
　1919年1月、同会議において、第1次世界大戦の戦争責任を追及するために15名で構成される「戦争開始者の責任及び処罰の執行に関する委員会」が設置され、国際戦争犯罪裁判所設立の提案がなされた。しかし、いかなる行為が

どのような法によって罪とされ処罰され得るのか定める前に裁判所設立の提案をする自体、罪刑法定主義の原則に反する、あるいは平時の国際犯罪について国際刑事裁判所は不要である、国際犯罪とは何かという概念が不明確であるなどが指摘され、国際刑事裁判所設立の試みは失敗に終わった。

　この不調にもかかわらず、その後、国際法協会（International Law Association）や国際刑法学会（International Association of Penal Law）などの学術団体を中心に、国際刑事裁判所設立のための研究や設立活動が展開されてきた。1922年、国際法協会はブエノスアイレスで第31回会議を開催し国際刑事裁判所設立草案を作成する。本案は1924年ストックホルム会議に持ち越され、修正後1926年の第34回ウィーン会議に提出された。他方、国際議員連盟も1925年、第23回オタワ会議で国際刑法典案起草のための委員会設置決議を採択する。また国際刑法学会も国際刑法の更なる学際的発展をめざして、1926年第1回ブルュッセル会議を開催し国際刑事裁判所設立設置の決議を採択した。

　その後1934年10月、ユーゴスラビア国王アレクサンドルとフランス外相バルトウがマルセイユで暗殺されたテロ事件を機に、フランスは国際的なテロ防止条約案を積極的に提示した。国際連盟理事会はテロ防止を目的とする専門家委員会を設置し、条約を起草して国際連盟総会に提出した。これにより、テロ防止およびテロリストの処罰に関する条約および国際刑事裁判所設立に関する条約が採択された。しかし、この条約ではテロリズムのみが対象犯罪であったため、批准を得ることができなかった。

　その後、第2次世界大戦を経験して、国際刑事裁判所の設立は人類の悲願ともされ、その活動は次第に活発化していく。1945年にニュルンベルク国際軍事裁判所条例が、続く46年には極東国際軍事裁判所条例が作成された。その後、1948年にジェノサイド条約が採択された。1949年にはジュネーヴ諸条約が採択され、戦争犯罪に対する法の実定化が図られていく。1950年、国際法委員会は国際刑事裁判所の創設可能性について肯定的見解を国連に報告する。これを受け同年12月、国連総会は、国際刑事管轄権委員会（Committee on International Criminal Jurisdiction）を設置する。同委員会は翌1951年に国際刑事裁判所規程草案を作成し、1952年、1953年に修正草案を国連総会に提出する。

冷戦下の1954年12月、草案の審議については、「侵略の定義」および「人類の平和と安全に対する罪の法典案」の検討が再開されるまでこれを中止する旨の決定が決議898IXによって示された。以後、国連において国際刑事裁判所の議題は、1974年に侵略の定義が採択されるまで進捗することはなかった。
　その後1989年、トリニダード・トバゴをはじめとするカリブ・ラテンアメリカの16カ国が、麻薬取引を含む国際犯罪を厳に処罰しようと国際刑事裁判所の設立課題を国連に提出した。他方、国際法委員会は91年に、26カ条の「人類の平和と安全に対する罪の法典案」を採択する。続く92年にも同委員会は、特に国際刑事裁判所設置の詳細を付した「人類の平和と安全に対する罪の法典案」の課題を国連総会に報告する。この「人類の平和と安全に対する罪の法典案」の検討枠組みの中でワーキング・グループ（以下、「WG」と略）が設置され、そこで規程案が作成されることになった。そして1994年、WGは60カ条と付則から成る最終国際刑事裁判所規程案を作成する。
　同93年、国連安全保障理事会は、旧ユーゴスラビアの武力紛争における重大な犯罪行為に関し、アド・ホックな国際裁判所の設置を決定した。翌1994年にはルワンダでの民族紛争に伴って犯された残虐行為の停止とその法的解決を目的として、アド・ホック国際裁判所の設置が決議された。他方で国際法委員会は1994年2月、国際法委員会草案についての検討を眼目とするアド・ホック委員会を設けた。本委員会は1995年の4月と8月に開かれた。
　1995年11月に国連によって設立されたICC設立準備委員会は、外交会議のテキスト作成を目的に、急きょ条約テキスト草案の準備に取りかかる（1996年アド・ホック委員会は設立準備委員会に置きかえられた）。
　1996年3月（第1回設立準備委員会）と8月（第2回設立準備委員会）に開催された設立準備委員会においては、国際法委員会草案に対し各国から修正案が提出された。8月の設立準備委員会は、1998年には外交会議が開催可能である旨を国連総会に報告した。1996年12月の国連総会はこの報告を受け、1998年に外交会議の開催を決定した。本会議に向けて引き続き、1997年および98年にも設立準備委員会が開催された。
　その後、準備会合は1997年2月（第3回設立準備委員会）、8月（第4回設立準備委員会）、12月（第5回設立準備委員会）、そして1998年3月（第6回設立準備委員会）と全6回開かれた。

そして、1998年6月15日から7月17日の間、160カ国の政府関係者、30余の国際機関、100を超える多数のNGOがローマに集い、最も重大な国際犯罪を犯した個人を裁くための国際刑事裁判所設立条約を採択した。条約規程（以下、「ICC規程」と略）は、賛成120、反対7（米国・中国・イスラエルを含む）、棄権21で採択された。ICC規程は、その後60カ国による批准を得て2002年

資料　ICC設立関連年表

1919年	パリ講和会議において国際戦争犯罪裁判所創設への提案がなされる（ベルサイユ平和条約227条）
1920年	連盟理事会の要請に基づいて設けられた法律家諮問委員会において国際刑事裁判所創設提案
1922年	国際法協会：ブエノスアイレス会期で設立提案
1924年	国際法協会：ストックホルム会期で設立提案
1926年	国際法協会：ウィーン会期で設立提案 国際刑法協会：ブラッセル会期で設立提案
1928年	国際刑法協会：国際司法裁判所刑事部会創設規程草案
1937年	フランスによりテロ犯罪のための国際刑事裁判所条約が連盟に提案される
1943年	ロンドン国際会議：国際刑事裁判所設立条約案
1944年	連合国戦争犯罪委員会：連合国戦争犯罪裁判所創設所条約案を採択
1945年	ニュルンベルク国際軍事裁判所条例
1946年	極東国際軍事裁判所条例
1947年	ニュルンベルク諸原則に伴って設置された国際法典化委員会がフランスによって提示された国際刑事裁判所創設に関する問題を審議し、その創設の必要性を国連総会へ提言
1948年	ジェノサイド条約採択とならんで、国際刑事裁判所設置が問題となり国連総会は国際刑事裁判所設立の要請に関する決議を採択
1949年	（ジュネーヴ条約）
1950年	国際法委員会：国際刑事裁判所創設の実行可能性を決議し、国連に報告
1951年	国連総会によって設立された国際刑事裁判所管轄委員会がICC規程草案を作成
1953年	1951年ICC規程草案の修正（17カ国委員会）
↓	中断
1974年	決議3314により国連総会「侵略」の定義
1979年	国際法協会：ICC規程草案

7月に発効し、翌2003年7月、オランダのハーグにICCが開所された。その後も締約国は増え続け、2007年10月現在、105カ国となっている。

1981年	アパルトヘイト罪の抑止・処罰のためのICC設立条約案
1989年	国連総会は国際法委員会に対して、国際刑事裁判所設立につき検討要請
1990年	再び同上要請
1991年	国際法委員会検討再開
1992年	国連総会、国際法委員会に対し優先事項として国際刑事裁判所規程草案作成要請
1993年	「人類の平和と安全に対する罪の法典案」の検討枠組みの中でWG設置 67条から成る規程草案作成 安保理：ユーゴ国際裁判所規程
1994年	60条から成る規程草案作成 安保理：ルワンダ国際裁判所規程 国際法委員会：ICC規程草案 → 国連総会に送付 12月　国連総会は、国際法委員会草案についての検討目的からアド・ホック委員会設置決定
1995年	4月　アド・ホック委員会第1回会合 8月　　同　　　第2回会合 11月　国連総会は、アド・ホック委員会における議論を前提に、外交会議のテキスト作成を目的とする設立準備委員会の設置を決定
1996年	(国際法委員会：人類の平和と安全に対する罪の法典案) 3月　設立準備委員会第1回会合 8月　　同　　　第2回会合 12月　国連総会が98年外交会議開催を決定
1997年	2月　設立準備委員会第3回会合 8月　　同　　　第4回会合 12月　　同　　　第5回会合 国連総会が外交会議の場所・日程を決定
1998年	3月　設立準備委員会第6回会合：国連総会準備委員会のICC最終規程草案完成 6月　ローマ会議
2002年	7月　60カ国の批准を得てICC規程発効
2003年	3月　オランダ・ハーグに開所

2. 歴史的意義

　大規模な人権侵害や重大な国際犯罪の背後には、国家の政治指導者が組織的に介在し、これに深く関与している場合が極めて多い。しかしながら、従来、多くの政治指導者が非人道的行為を犯した嫌疑をもたれながらも、真相が究明されずその責任を曖昧にされてきた。それは、従来、国際法は国家間の法的関係を規律すべきものであると考えられてきたためである。すなわち、国際犯罪の訴追や審理は、伝統的に国家のみに認められるものとされ、戦争犯罪などを犯した指導者個人の責任については、主権者無問責という考えが優先され、免責されることはあってもこれを追及する法の枠組みがなかったのである。

　しかし、このような考え方を覆すものがICC規程である。これは、これまで罷り通っていた「不処罰の文化」を封じ込めるものである。従来の国際法概念を超える新たな法の枠組みを作り出したものといえよう。またICCは各国間の合意によって設立されたが、この点からもICC規程は従来の合意原則を破る法構造を構築している。すなわちICC規程は非締約国の国民に対しても管轄権を行使し得る余地を残すものとなったのである。

　歴史的営為であるICCは、多くの問題を抱えながらも今後その使命を果たすであろう。ICCが設立されたこと自体、国際法の発展に大きく寄与するものである。しかし、これが適切に運営され判例を集積していくことで、実社会における国際平和の維持に更なる貢献が期待される。

3. ICCの構成、特徴

1　ICCの構成

　ICCの組織（第4部）は、ICCの運営責任に関わる裁判所長会議、裁判を担当する裁判部門（上訴裁判部門、第1審裁判部門、予審裁判部門から成る）、捜査・訴追を行う検察局、司法機能以外の運営管理に関わる書記局から構成されている。

　裁判官は、締約国会議の選挙によって選出される。裁判官の数は18名で（36条6項(a)）、9年在任するものとする（36条9項(a)）。最初の選挙においては、3分の1は3年の任期で、また3分の1は6年、残りの裁判官は9年の任期で在

任する（36条9項(b)）。裁判官の選挙にあたっては刑事法および国際人道法、人権法などの国際法に関する専門家をそれぞれ異なるリストから選出する（36条3項、5項）。裁判所長および裁判所第1次長および第2次長は裁判官による議決で選出される（38条1項）。

　裁判所は裁判官選挙の後できる限り速やかに裁判部門を組織する（39条1項）。第1審裁判部門および予審裁判部門は、主として刑事裁判の経験を有する裁判官で構成する（39条1項）。上訴裁判部は、上訴裁判部門のすべての裁判官で構成する（39条2項(b)(i)）。第一審裁判部の任務は第一審裁判部門の3人の裁判官が遂行する（同項(b)(ii)）。予審裁判部の任務は予審裁判部門の3人または予審裁判部門の1人の裁判官が遂行する（39条2項(iii)）。すでに2003年と2006年の締約国会議で裁判官の選出が行われている。

　ICCを構成する4つの柱のひとつである検察局は、他の部門から独立している。検察局は、裁判所の管轄権の範囲内にある犯罪の付託およびその裏付けとなる情報の受理および検討ならびに捜査および裁判所への訴追について責任を有する（42条1項）。検察局の長は検察官とする（42条2項）。検察官は検察局の管理および運営について完全な権限を有する。検察官は、1または2以上の次席検察官の補佐を受ける（同項）。検察官は締約国会議によって選出される（42条4項）。次席検察官は、検察官が提供する候補者名簿の中から選出される（同項）。検察官および次席検察官は、9年の任期で在任するものとし、再選される資格を有しない（同項）。選挙の際に短い任期を決定することもできる（同項）。検察官と次席検察官とは、それぞれ異なる国籍であることが要求される（同条2項）。2003年の締約国会議で、検察官（捜査担当、訴追担当の各）および次席検察官が選出されている。

　書記局は、ICCの運営および業務のうち司法の分野以外について責任を有する（43条1項）。書記局の長は裁判所書記とするものとし、裁判所書記は裁判所の首席行政官である（43条2項）。裁判所書記は、書記局内に被害者・証人室を設置する（43条6項）。この室は、証人、被害者などの身体的保護と安全を図るための措置、カウンセリングその他の適当な援助を提供する（同項）。被害者・証人室には、特に性的暴力による犯罪被害の場合、心的外傷に関する専門的知識を有する職員が配置される（同項）。

　裁判所書記は、締約国会議の勧告を考慮し裁判官によって選出される（43条

4項、規則12条）。裁判所次席書記は、必要が生じた場合、裁判所書記の勧告に基づき同様の手続で選出される。任期は5年で1回のみ再任が認められる(43条5項)。2003年の締約国会議においてすでに裁判所書記が選出されているが、裁判所次席書記は置かれていない。

2　ICCの特徴

　戦争犯罪や人道に対する罪を犯した個人を裁いた国際裁判所については、いくつかの例が挙げられる。第2次大戦後に開かれたニュルンベルク・極東国際軍事裁判所や、度重なる民族紛争での非人道的行為の防止と処罰を目的として設置された旧ユーゴ・ルワンダ国際裁判所などである。

　しかしながら、前者については、戦争後に連合国によって選ばれた裁判官によって敗戦国の犯罪人だけを裁いたという「戦後における勝者の裁き」や、平和に対する罪と人道に対する罪を新たな犯罪と捉えることによる「事後法による裁判」などといった批判を受け、裁判の公正性や罪刑法定主義といった観点からは問題を残すものとなった。

　また後者については、特に両裁判所は当該地域で目前に起こっている残虐行為を止めさせるため、裁判の独立性や公正性よりも裁判所設置の「迅速性」が優先された臨時の裁判所であった。さらに当該地域で行われた犯罪のみをその対象とし、また裁判所の設置期限が設定されるなど、管轄権の行使について地理的・時間的な制限があったため、その設立根拠や実効性について疑義も持たれていた。

　この点で、このたび設置された「常設」のICCは、多国間合意である条約という法形式によって採択されたものである。したがって、設立根拠に強固な国際的基盤を持ち、裁判官の構成に地理的平等やジェンダーへの視点も配慮されていることから、裁判の独立性・公正性が期待される。さらに、裁判所の管轄権は、規程の発効後に犯された対象犯罪ならば世界のあらゆる地域に及ぼし得る余地を残すなど、これまでの臨時裁判所の管轄権行使における制限やディメリットを根本から改めるものとなっている。

4. ICC 規程の概要と特徴

1 ICC 規程の概要

　ICC 規程は、前文と本文 128 条から成り、裁判所の設立（第1部）、管轄権・受容許容性及び適用される法（第2部）、刑法の一般原則（第3部）、裁判所の構成及び運営（第4部）、捜査及び訴追（第5部）、公判（第6部）、刑罰（第7部）、上訴及び再審（第8部）、国際協力及び司法上の援助（第9部）、刑の執行（第10部）、締約国会議（第11部）、財政（第12部）、最終規定（第13部）という構成をとっている。

　規程においては国際社会が最も重大な犯罪と定めた、集団殺害犯罪（ジェノサイド）、人道に対する犯罪、戦争犯罪、侵略犯罪をその対象犯罪とする（5条）。ただし、侵略犯罪については、ローマ会議ではその定義と管轄権の条件に合意が得られず、規程改正の手続によってこれらに関する規定が採択された後に ICC は管轄権を行使する（5条2項）。

　規程はこれらの犯罪を犯した個人の刑事責任を追及するための広汎かつ詳細な実体的・手続的規定を持っている。また各国の主権を尊重しながら ICC との関係を保つ、すなわち ICC は各国の刑事裁判権を補完する——換言すれば、国内裁判所が有効に機能しない場合に ICC が管轄権を行使するという——「補完性の原則」を採用している（前文、1条）。また本規程においては、罪刑法定主義（22条1項、23条）とその派生原則である遡及処罰禁止の原則（ICC 規程発効以前に行われた犯罪行為については刑事責任を追及できない〔11条、24条1項〕）、類推解釈禁止の原則（22条2項）、一時不再理の原則（20条1項、2項）、無罪推定の原則（66条1項）、その他裁判所の対象犯罪については時効の適用がないという時効の不適用（29条）などの原則が採られている。

　ICC に付託された事案の捜査および訴追は、検察官によって行われる。検察官は予審裁判部門の許可を受けて捜査を開始する。また関係国の協力を得て逮捕や証拠保全などの令状による捜査を行い、被害者および証人の保護を図る。公判は欠席裁判を認めない。

　また、規程には被害者・証人の保護および公判手続への参加に関する規定が置かれる（68条）。被害者および証人または被疑者の保護を図るため、公開審理の例外として公判手続のいずれかの部分を非公開とすることもできる（68条2

項)。刑罰については、最長30年を超えない特定の年数の拘禁刑を原則とする(77条1項(a))。犯罪の重大性と有罪判決を受けた者の個別事情を考慮し終身拘禁刑を科すこともできる(77条1項(b))。拘禁刑に加えて罰金、犯罪によって直接または間接に生じた収益、財産および資産の没収を命ずることができる(77条2項)。拘禁刑は、執行を受諾している締約国のリストの中からICCが指定する国において執行される(103条1項(a))。いずれの国にも指定がなされない場合、接受国(オランダ)の受刑所において執行される(103条4項)。また規程は上訴(81〜83条)および再審(84条)の制度を置く。

　さらにICCは、有罪判決を受けた者に対し被害者信託基金を通じて賠償を命ずることができる(79条2項)。締約国にはこの決定に従う義務が課されている。ICCの締約国は、被疑者の逮捕・引渡、証拠の提出などの協力義務を負う(第9部)。

　締約国会議は、ICCおよび規程に関する事項を検討・決定する。ICCの財政(第12部)は、締約国の分担金および国連から提供される資金によって負担される(114〜117条)。その他、国連事務総長は、2009年(規程発効の7年後)に再検討会合を召集することとされている(121条)。

2　ICC規程の特徴

　本規程を特徴づける規定を挙げればいくつか考えられるが、まず7条が挙げられよう。人道に対する犯罪は、国際軍事裁判所とアド・ホックな国際刑事裁判所で対象犯罪とされ、慣習国際法上の国際犯罪として考えられてきた。しかし、これまでこれを明記する条約はなかった。この点で、本規程の第7条で史上はじめてこれを規定したことは特筆すべきことであろう。本罪を対象犯罪とすることについてローマ会議でも反対意見は出されなかった。さらに、本規程ではニュルンベルク国際軍事裁判所条例には含まれなかった、強姦や性的奴隷も性的犯罪として挙げられた。

　また、既述したように補完性の原則が採られていること。多くの刑法総則規定が盛り込まれたこと。さらに公的資格の無関係性を定めた規定が設けられたことである。これは、公的資格に関わりなくすべての者に本規程が適用される、ということである。国家元首や公務員などであっても本規程の下では刑事責任を免除されない。伝統的な国際法の枠組みでは訴追できなかった現職の国家元首や政府

要人であっても訴追の対象となる。その他、被害者信託基金が設立されたこと。ジェンダーに対する配慮がなされていること、これは規程においても女性に対する性的暴力に対する規定が多く置かれていることに示されている。刑罰に死刑を採用していないことなどが挙げられよう。

5. 今後の課題

　わが国は、1998年のローマ会議では、特にICC設立に反対する大国の条約採択を求めて具体的な提案（124条の経過措置規定）をするなど積極的姿勢をみせたものの、その後は未署名（署名は2000年12月31日で締められている）のままであった。これは、国際共助や犯罪人処罰のための国内法整備の準備（例えば、犯罪人引渡に関する立法やICCに対する協力義務、犯罪人処罰について国内刑法との調整等）のほか、財政の負担――すなわち、締約国としての分担金の問題――などの検討のためであったとされている。

　しかし、2003年から動きのあった有事法制の制定との文脈で、わが国は翌2004年6月、「国際人道法違反行為処罰法」（平成16年法律第115号）、「捕虜取扱法」（平成16年法律第117号）を成立させ、これに関連づけた形で同年8月、ジュネーヴ諸条約第1追加議定書および第2追加議定書に加入した。これらを背景に、政府もICC加盟について積極的な姿勢を示すこととなった。

　その後、2007年2月、ICC規程の加入承認案とその執行のためのICC協力法案が提出された。同年3月には衆議院、4月には参議院において議決され、5月に同案は「国際刑事裁判所に対する協力等に関する法律（ICC協力法）」（平成19年法律第37号）として公布された。7月に加入書が国連本部に寄託され、わが国は10月に第105カ国目の締約国となった。

　わが国がICC規程の締約国となったことについては、各国からさまざまな評価がなされよう。このことによって、わが国はいうまでもなく「不処罰の文化」を封じ込める役割を担うことになった。国際社会における「法の支配」の確立に向けて積極的に参加していかなければならない。ICC規程には、米国、ロシア、中国といった主要国はいまだに加盟していない。しかし、CICC（Coalition for the International Criminal Court）などによって批准キャンペーンが継続されてきた結果、中東、アジアを除く地域で締約国の範囲は世界的な広がりをみせている。

この度、アジアの主要国であるわが国がICC規程に加盟したことによって、アジアの未批准国へ加盟を促すことができよう。わが国が積極的にこれらの国々に締約国となるようイニシアティブをとることも期待される。

　また、ICCの財政は主に締約国の分担金によって賄われるが、分担金に関していえば、今般の加盟によってわが国は締約国の中でも最大の拠出国となる。

　さらに、2007年における裁判官選挙にも注目したい。わが国からはじめて裁判官が選出された。今後わが国が積極的にICCの活動・運営に加わっていくためには、締約国としてICCにスタッフを送り出すこと、ルールメイキングに関わっていくことなどが重要である。そのためにはICCについて広く関心を高めることが肝要である。ICCが国際社会の平和の維持にとって重要な機関であることが周知されるよう、広報活動にも努める必要があろう。

　以上のようにわが国がICCに加盟したことによって、ICCへの経済的、人的貢献はもちろんであるが、さらに国際社会の意思決定への参画が注目される。例えば、2009年に開かれる再検討会議では、対象犯罪のひとつである侵略犯罪が、ICC規程において"nominal inclusion"という暫定的措置に留まった問題について主要な議論が展開されよう。このような議論の際に、わが国は平和国家として自国の見解を積極的に表明していくことが重要である。

　加盟後、ICCという国際機関においてわが国がその運営・活動にどのように関っていくか、大きな課題であるといえよう。

◎主要参考文献
〈和書〉
・東澤靖『国際刑事裁判所　法と実務』(明石書店、2007年)
・森下忠『国際刑法学の課題』(成文堂、2007年)
・村瀬信也・真山全編『武力紛争の国際法』(東信堂、2004年)
・藤田久一『戦争犯罪とは何か』(岩波書店、1995年)
・小長谷和髙『序説　国際刑事裁判』(第2版、尚学社、2007年)
・アムネスティー・インターナショナル日本『入門　国際刑事裁判所』(現代人文社、2002年)
・安藤泰子『国際刑事裁判所の理念』(成文堂、2002年)

〈論文（特集）〉
・「特集　国際刑事裁判」國際法外交雑誌 98 巻 5 号（1999 年）
・「特集　国際刑事裁判所の成立」ジュリスト 1146 号（1998 年）
・「国際刑事裁判所の現状とその将来」ジュリスト 1285 号（2005 年）
・「特集　国際刑事裁判所の将来と日本の課題」法律時報 79 巻 4 号（2007 年）
・「特集　国際刑事裁判所ローマ規程への加盟に当たって」法律のひろば 60 巻 9 号（2007 年）

〈洋書〉
・The International Criminal Court: elements of crimes and rules of procedure and evidence, Roy S. Lee, Hakan Friman, Transnational Publishers, 2001.
・The International Criminal Court: recommendations on policy and practice: financing, victims, judges, and immunities, Thordis Ingadottir. Transnational Publishers, 2003.
・The International Criminal Court and the crime of aggression, Mauro Politi, Giuseppe Nesi, 2004.
・The International Criminal Court and the transformation of internatinal law: justice for the new millennium, Leila Nadya Sadat, Transnational Publishers, 2002.(International and comparative criminal law series)
・International criminal practice, John R.W.D.Jones, Steven Powles, 3rd ed, Transnational Publishers, 2003.
・An introduction to the Internatinal Criminal Court, William A. Schabas, 2nd ed, Gambridge University Press, 2004.

〈論文（特集）〉
・Symposium, The International Criminal Court: Consensus and Debate on the International Adjudication of Genocide, Crimes Against Humanity, War Crimes, and Aggression, Cornell International Law Journal, Vol.32, No.3, 1999.
・Symposium, The International Criminal Court, Journal of International Law & Practice, Michigan State University, Vol.8, Issue 1. Spring, 1999.
・Developments in International Criminal Law, American Journal of International

Law Vol.93, Nov.1, 1999.
・Symposium, The International Criminal Court, The US v. the Rest?, European Journal of International Law, Vol.10, No.1, 1999 etc.

〈その他HP〉
・http://www.icc-cpi.int/
・http://www.iccnow.org/
・http://www.mofa.go.jp/mofaj/gaiko/icc/index.html

(あんどう・たいこ)

第2章
国際刑事裁判所の管轄権と管轄犯罪

森下　忠

1. ICCの管轄権

　ICCの管轄権は、国際社会全体の関心事である最も重大な犯罪に限定される（規程前文、5条）。この「最も重大な犯罪」は、コア・クライム（core crimes：中核犯罪）と呼ばれる。それは、「犯罪の中の犯罪」とも言われている。ICCは、この中核犯罪を不処罰のままで放置するべきでない（前文より）という基本理念にもとづいて創設された常設の国際刑事裁判所である。

　ICCの管轄権は、その対象である中核犯罪の重大性（凶悪性、大規模性）、立証の困難性、裁判所の事件処理能力に限界があることなどの理由により、次に掲げるものに限定されている。

　　a　ジェノサイドの罪（crime of genocide）
　　b　人道に対する罪（crimes against humanity）
　　c　戦争犯罪（war crimes）
　　d　侵略の罪（crime of aggression）

　「侵略の罪」については、ローマ外交会議で「侵略」とは何かについて激しい議論があって、歩み寄りに到達することができなかった。そこで、規程121条（改正）および123条（規程の見直し）[*1]に従い、「侵略の罪」を定義し、かつICC

が侵略の罪について管轄権を行使する条件を定める規定が採択された後に、ICC
が管轄権を行使するものとされた（5条2項）。

　ICC は、規程の発効後に行われた犯罪に関してのみ管轄権を有する（11条1
項）。これは、時に関する管轄権（時を理由とする管轄権）(jurisdiction *ratione
temporis*) を規定したものである。この規定は、罪刑法定主義（*nullum crimen sine
lege*）の理念と結び付いている。22条1項は、「何人も、当該行為がその実行の
時に本裁判所の管轄に属する犯罪を構成しない限り、刑事責任を問われない。」
と明記している。

　ここで問題になるのは、刑罰法規不遡及の原則（11条）は継続犯についても
適用されるか、である。すなわち、規程の発効時に先立って行為が行われたが、
発効した後もなおその行為の結果が継続している場合（その代表的な場合は、拉
致罪）には刑罰法規の適用は可能であるか、の問題である。外国の有力な学説は、
適用可能性を一致して認めている（19頁参照）。

2. 管轄権行使の前提条件

1　規程12条の妥協的立場

　ICC による管轄権行使についての前提条件を定める12条は、ローマ外交会議
において活発な議論の末、妥協の結果として生まれた問題の多い規定である。

　ここでは、ICC の締約国と非締約国との間で、ICC の管轄権を受諾する
(accept, reconnaître) 条件が異なっている。それによれば、締約国は、管轄
犯罪について ICC の管轄権を受諾する（12条1項）。これは、自動的管轄権主義
(principle of automatic jurisdiction) と呼ばれている。これに対し、非締約
国については、アド・ホック（*ad hoc*）（特別）に管轄権受諾を求められて受諾し
た場合に限る。

　では、管轄権の受諾があれば、ICC は当然、管轄権を行使することができるか。
規程は、次のように、管轄権の受諾の段階と管轄権の行使の段階とを区別する
立場を採り、管轄権行使の条件を限定的に規定している。

　　a）　犯罪地国が締約国であるとき（12条2項a）
　　b）　行為者の国籍国が締約国であるとき（12条2項b）
　　c）　非締約国による *ad hoc*（特別）の受諾がなされたとき（12条3項）

2　問題点

　ここで問題となるのは、なぜ、被害者の国籍国（victim's State）と並んで被疑者の現在する国（現在国、拘束国）（custodial State）が除外されているか、である。国際刑法における世界主義（世界的裁判権主義）を貫徹しようとする立場からは、これら2種類の国を除外することは、管轄犯罪の犯人を不処罰のまま放置することを避けるために容認されるべきでない。この見地からドイツと韓国は、世界主義を採用すべき旨の提案をした。これに対しては、国際的平和と安全の維持を図るという世界的規模の責任を負うていると（自負）する米国が、米国の駐留軍や派遣軍の兵士らに対する恣意的訴追が行われるおそれがあるという理由から反対した。ローマ外交会議における曲折を経て、結局、ぎりぎりの最終日前夜になって、ようやく上記規程12条が妥協の産物として合意された。

　規程12条の欠陥は、明らかである。それゆえ、発効から7年後に開かれる見直し会議で再検討される項目の筆頭に挙げられるであろう。ICC予審部のカウル（Hans-Peter Kaul）部長は、このことをその論文で指摘している[*2]。

3.　管轄権の行使（規程13条）

　規程13条は、訴追の端緒を3つに分けて規定している。これは、「引き金のメカニズム」（trigger mechanisms）を定めたものと言われている。ここで、「引き金を引く」（trigger）とは、訴追の端緒を作ることを意味する。ICCは、次のいずれかの場合、管轄権を行使することができる。

　ア　管轄犯罪が行われたと思われる事態（situation）[*3]が締約国から検察官へ付託（refer）されている場合（13条a、14条）
　イ　管轄犯罪が行われたと思われる事態が国連安保理から検察官に通報されている場合（13条b）
　ウ　検察官が自らの発意で（*proprio motu*）、15条に従い、捜査を開始している場合（13条c、15条）
　ここで注意すべきは、次の点である。
　〔ア〕の場合（13条a、14条）
　締約国のみが、検察官に事態を付託することにより、ICCによる裁判権行使の引き金を引く（trigger）ことができる。非締約国は、このような付託権限をもたな

い。締約国がその事態につき直接の利害関係または引っかかりをもつことは、必要でない。

〔イ〕の場合（13条b）

安保理は、国連憲章7章の規定に従い、平和への脅威、平和の破壊または侵略行為があると認めるとき、そのような事態をICCに付託する。この際、犯罪地国または行為者の国籍国がICCの管轄権を受諾したことは必要でない。この点は、重要である。

〔ウ〕の場合（13条c、15条）

検察官は、ICCとは独立に自己の発意で、15条に従い、捜査を開始する権限を有する（15条1項）。検察官は裁判所とは独立の機関であるので、自己の発意により捜査をする権限を有する。しかし、職権濫用を防ぐために、15条に従って予審部による司法的抑制に服することが規定されている。

このようにして、13条は、ローマ規程における複雑かつ織りまぜた管轄権規定の重要な部分となっている。

4. 管轄犯罪

ここで管轄犯罪とは、ICCの管轄権に服する犯罪を意味する。すでに述べたように、5条は、ジェノサイドの罪、人道に対する罪、戦争犯罪および侵略の罪を管轄犯罪として掲げている。そのうち、侵略の罪については、121条（改正）および123条（見直し）に従って採択されるまで管轄権の行使は留保されている。それゆえ、本稿では侵略の罪についての説明は省略する。

なお、70条は、偽証等の行為を「裁判の運営に対する罪」としてICCの管轄権に服する旨規定している。これらの罪は、ICCに特有のものではないので、本稿では論及しない。

5. ジェノサイドの罪

1 言葉の意味

ジェノサイド（genocide）という言葉は、ギリシア語の*genos*（人種という意味）とラテン語の*caedo*（殺す）に由来する接尾語 -cide とを組み合わせた新しい言葉

である。この言葉は、ポーランドの法律家レムキンが、第2次大戦中にナチス・ドイツがユダヤ人に対して犯した大量虐殺（「ホロコースト」と呼ばれる）を記述するために考え出した合成語である。

1946年12月11日、国連総会は、初めてジェノサイドの罪を定義し、それを国際法上の犯罪として決定づけた（決議96(1)）。ついで、1948年12月12日、国連総会は、ジェノサイド条約（集団殺害罪の防止及び処罰に関する条約[4]）を採択した。

ジェノサイド条約2条は、「この条約において集団殺害（genocide）とは、国民的、民族的、人種的又は宗教的な集団の全部又は一部を集団それ自体として破壊する意図をもって行われる次のいずれかの行為をいう。」として、集団の構成員を殺すことなど、5つの類型を掲げている。

この定義規定について注目すべきは、ジェノサイドの犯罪化が4つの集団の生存権を保護することに限定されていることである。その結果、いわゆる文化的ジェノサイド（cultural genocide）[5]といわゆる政治的ジェノサイド（political genocide）[6]は、「ジェノサイド」概念に含まれないことになった。

2　ジェノサイドの罪

規程6条は、「ジェノサイド」の定義について1948年のジェノサイド条約の規定をそのまま採用している。規程6条の解釈と運用につきICCを助けるために、付加構成要件（elements of crimes）（9条参照）が定められている[7]。

「ジェノサイド」には、付加構成要件6条が規定するように、(a)殺害によるジェノサイド、(b)重大な身体的または精神的損害を生じさせるジェノサイドなど5つの類型が含まれる。

わが国は、ローマ規程を批准するに当たり、規程を国内法に取り入れるための犯罪化を行っていない。その理由は、現行刑法における殺人罪や傷害罪の規定を適用すれば足りる、との考えに基づくようである。しかし、日本刑法は、「子どもの集団的移送によるジェノサイド」（6条e）のごとき類型までも「最も重大な犯罪」としては規定していない。そこで、フランス、ドイツ、ベルギーなどの立法例にならって「ジェノサイドの罪」を国内法に取り入れるべきではないかが、立法論として重要な課題になる[8]。

ジェノサイド条約では、処罰すべき行為（3条）として、集団殺害（a号）のほか、

共謀 (conspiracy)（b号）が規定されている。これに対し、ローマ規程では、ジェノサイドの共謀は処罰行為として掲げられていない。この点は注意すべきである。

6. 人道に対する罪

1 歴史的概観

人道に対する罪（crimes against humanity）の概念は、19世紀以降、発展を遂げ、しだいに国際的に明確な承認を得るに至ったものである。

人道に対する罪の国際的禁止が最初に専門用語として規定されたのは、1945年8月8日のロンドン協定（London Agreement）*9 に付加されたニュールンベルク国際軍事裁判所憲章（IMT憲章）においてである。極東国際軍事裁判所（いわゆる東京軍事裁判所）憲章（IMTFE憲章）でも、ニュールンベルク憲章と同一の文言による「人道に対する罪」が規定された。

ニュールンベルク裁判と東京裁判における「人道に対する罪」には、2つの異なる類型の犯罪が含まれている。すなわち、(i)国籍いかんを問わず、いかなる民間人に対してであれ、殺人、絶滅、奴隷化および追放のごとき非人道的行為並びに(ii)政治的、人種的または宗教的理由にもとづく迫害が、それである。

上記(i)のカテゴリーの犯罪は、「非人道的行為」〔殺人タイプ〕と呼ばれ、(ii)のカテゴリーの犯罪は、「迫害行為」〔迫害タイプ〕と呼ばれている。

殺人タイプの犯罪は、すべての国内法によってすでに罰せられている罪を大規模に犯す性格のものであるが、迫害タイプの犯罪は、国内法で禁止されていないことのありうる行為を包含している。迫害の被害者は特定されていないので、すべての民間人団体のみならず、軍隊の構成員も被害者となることがある。

2 ローマ規程における人道に対する罪

規程7条1項は、人道に対する罪の構成要件を定め、2項は、1項に掲げる構成要件の定義をしている。

7条1項が規定する人道に対する罪の構成要件は、帽子（*chapeau*）または帽子文言（*chapeau* term）と呼ばれる共通構成要件と11種類の個別の構成要件とから成る。

「帽子」とは、頭にかぶる帽子（シャポー）のように、いくつかの同類型の犯罪

行為に共通する定義を規定したものであって、ここでは共通構成要件に当たるものである。

規程における人道に対する罪の定義は、慣習国際法における人道に対する罪の伝統的概念と一致している。その定義は、①民間人に対して向けられた広範なまたは組織的な攻撃であること（客観的要件）と②攻撃の認識（主観的要件）との2つから成る。以下、それについて概観する。

(a) 民間人に対する

行為は、「民間人に対して」向けられたものでなければならない。「民間人」というときの「民間の」(civilian) とは、敵対行為に加わらないすべての者を指すので、武器を放棄した軍人や、病気、負傷などの理由により戦闘外に置かれている者をも含む。それゆえ、人道に対する罪は、平時にも戦時にも犯されることがある。

(b) 広範なまたは組織的な攻撃

攻撃は、その性質上、広範なまたは組織的なものであることを要する。広範な性質と組織的な性質とは、択一的なものとされている。ただし、実際には両要件が競合することが多い。

「広範な」という要件は、量的要件を示すものであって、そこでは、多数の民間人が被害者となりうることが想定されている。

「組織的な」という文言は、質的要件を示すものであって、組織化された性質の暴力行為に係ることを想定するものである。

攻撃（attack）とは、多数の犯行を含む一連の行為を意味する。軍事的攻撃であることは要求されない。民間人に対する虐待も「攻撃」の概念に含まれる。

不作為による攻撃もありうる。ICTR（ルワンダ国際刑事法廷のKambanda事件判決〔1998年〕）では、被告人（ルワンダの首相）は、自国の子どもや国民を大量虐殺から保護すべき義務があるにもかかわらず、その義務の履行を怠ったことを理由として、人道に対する罪につき有罪とされた。

3 各個の行為

(1) 殺人類型

これには、次の7つの罪が属する。

a 殺人

規程の正文には、「殺人」にはmurder（英）、meurtre（仏）という言葉が

用いられている。この言葉は、直訳すれば謀殺を意味するのであるが、外国文献が一致して示すところによれば、広く「殺人」と訳すのが妥当である。

　b　絶滅（extermination）

「絶滅」とは、食糧および医薬品を入手する手段を奪うなど、民間人の一部の破壊を計算に入れて、生活条件を意図的に押し付けることをいう（7条2項b）。国際刑事法廷の裁判例によれば、絶滅とは、多数の被害者を含む大規模な殺人を指すと解されている。その殺害行為は、個人の集団に向けられていることを要する。絶滅罪における殺害は大量殺人の一部として行われれば足りるので、対象集団[*10]に属する1人を殺害したときでも、既遂になる。

　c　奴隷化

奴隷化は、人道に対する罪のうち、古典的なものである。奴隷化の罪には、奴隷、奴隷的服従および強制労働が含まれる。奴隷化の中心的要素は、所有権の行使を通じて人から搾取することに見いだされるので、被害者に金銭的利益が与えられたかどうかは、問うところでない。

　d　民間人の追放または強制移送

これは、国際法に従って許容される理由がないのに、住民をその合法的に所在する場所から排除またはその他の強制的行為によって移動させることをいう。一般的に、「追放」とは他国の領域内へ人を強制的に移動させることをいい、「強制的移送」とは、同一国内で他の場所へ強制的に移動させることをいう、と解されている。

　e　投獄その他の厳しい自由剥奪

ここで「投獄」とは、有罪判決後の拘禁を意味し、「自由剥奪」とは、広くて多様な自由剥奪を意味する。投獄も自由剥奪も、国際法の準則に違反したときに、人道に対する罪を構成する。ここにいう「国際法の準則」には、条約、慣習国際法のみならず、法の一般原則も含まれる。

　f　拷問

1984年の国連の拷問等禁止条約1条は、拷問につき詳細な定義をしている。これに対し、規程7条2項e号の「拷問」の定義は、それとは大いに異なって、広いものである。それによれば、「拷問」とは、拘禁された人または被疑者・被告人として管理されている人に対して、身体的であると精神的であるとを問わず、著しい苦痛または苦しみを意図的に与えることを意味する。ただし、拷問は、合

法的な制裁からのみ生じ、または合法的な制裁に内在的に含まれ、もしくはこれに付随して生じる苦痛または苦しみを含まない。

　g　強姦、性的奴隷、強制売春、強制妊娠、強制断種その他同等の重大な性的暴力

ここには、一連の重大な性暴力犯罪が掲げられている。

①　強姦

規程では、「強姦」の定義はなされていない。そこで、付加構成要件7条1項(g)-1は、明確な定義をしている。そこで要求される客観的行為の要件は、被害者の身体に対する挿入ということである。被害者の性別いかんは、問うところでない。ここにいう'身体'は性器に限られないので、他人の性器のみならず、口腔や肛門も含まれる。規程では、強姦は、人間の性的尊厳に対する暴力的侵害として捉えられている。もはや、強姦の古典的解釈は、国際刑法の領域では狭すぎる、として容認されていない。

②　性的奴隷化

性的奴隷化は、1項cに規定する「奴隷化」の特殊な1形態である。その事例として、外国の文献が挙げるのは、第2次大戦中、日本軍が設けた「慰安所」である。

③　強制売春

強制売春とは、生存のために必要な何かを得るため、またはその後の害悪を避けるために強制された性的行為をいう。

④　強制妊娠

強制妊娠とは、いずれかの住民の民族的構成に影響を与え、またはその他国際法の重大な違反を行う意図をもって、強制的に妊娠させられた女性の違法な監禁を意味する。

⑤　強制断種

⑥　その他の形態の性的暴力

「性的暴力」という用語は、強姦よりも広い概念である。人体への挿入に限られないので、性的接触がない場合にも、「性的暴力」に該当することがある。

(2) 迫害類型

これには、次の4つの類型が属する。

　h　迫害

「迫害」とは、集団の同一性を理由として、または集団的に国際法に違反して基本的権利を意図的に、かつ著しく奪うことを意味する（7条2項g）。ここにいわゆる「基本的権利」とは、例えば、1948年の世界人権宣言、1966年の自由権規約に明記された諸権利を指す。

迫害の理由として、次の2種類が規定されている。

① 政治的、人種的、国民的、民族的、文化的または性別についての行為者の動機によるもの

② その他国際法で容認されないものとして世界的に認められた理由によるもの

　　i　拉致（enforced disappearance）

わが国では、この英語は「強制失踪」と直訳されている。しかし、「失踪」は、（家を出て）行くえをくらますことをいうので、本罪の訳語としては、「拉致」が適当であるように思われる。

規程における拉致罪は、次の2つの行為類型から成っている（7条2項i参照）。

① 国家もしくは政治組織により、または国家もしくは政治組織の許可、支援もしくは黙認によって行われる自由の剥奪

② 事実認知の拒否または人の生死・所在に関する情報提供の拒否

この拒否は、自由剥奪に続いて長期間にわたり法の保護を奪う目的でなされたことを要する。この目的で行為がなされれば足りる。現実に自由の剥奪が長期間にわたったことは、必要でない。

ところで、拉致罪については、規程の発効（2002年7月1日）以降に逮捕等による自由の剥奪が行われた犯罪についてのみ、ICCは管轄権を行使することができるか、という困難な問題がある。ここでは、時を理由とする管轄権(jurisdiction ratione temporis) が認められるかどうか、が論点となる。

この点につき、外国の有力学説は、(i)拉致罪は継続犯であること、(ii)継続犯にあっては、（略取・誘拐などの）実行行為が刑罰法規の効力発生時点よりも前に行われたとしても、効力発生時に当該犯罪の構成要件が充足されることを条件として、継続犯の処罰は可能であることを、一致して認めている[11]。

これによれば、例えば、北朝鮮による日本人拉致事件については、規程の発効日以前の1977年以降に犯されたのであるが、その後も拉致罪の構成要件事実は少なくとも日韓首脳平壌宣言の日（2002.9.17）までは継続していたし、今

日なお生死・所在に関する情報さえ不明な被害者がいるのであるから、ICC の管轄犯罪に属することになる。このことは、被害者が生存しているか、すでに死亡しているかどうかとは関係がない[*12]。

　j　アパルトヘイト罪

　アパルトヘイト（apartheid）とは、南アフリカ共和国の黒人に対する白人の人種差別政策(1991 年廃止)のことである。1973 年の国連アパルトヘイト条約では、アパルトヘイトは人道に対する罪であると宣言された。

　アパルトヘイト罪の構成要件は、(a)ある人種的集団による他の人種的集団に対する組織的な弾圧および支配の制度化された体制の下で犯された非人道的行為であって、(b)規程7条1項に掲げる罪と同等の性格をもつもの、ということである。

　ここにいわゆる「人種的集団」の意義は、1966 年の人種差別撤廃条約における「人種差別」の意義にならって、広義に解釈されるべきである。そして、「同等の性格の非人道的行為」には、性質と重大性において7条1項に掲げる罪（奴隷化、拷問など）と同等の行為が含まれる。

　k　その他同様の性格の非人道的行為

　ここに掲げるのは、すでに第1項に掲げられた人道に対する罪と同様に、身体または精神的・肉体的な健康に対して意図的に重大な苦痛または著しい害をもたらす同様の性格の、その他の非人道的行為である。これらの行為は、人道に対する他の罪と同じく、組織的かつ大規模に行われたものであることを要する[*13]。

7.　戦争犯罪

1　戦争犯罪の意義

　「戦争犯罪」（war crimes）という用語は、多様な方法（時には矛盾した方法）で用いられている。一般的には、戦争中またはその他の武力紛争中に犯された犯罪行為を意味する。しかし、法的に正確な定義としては、戦争犯罪とは、国際人道法の原則に対する違反であって、国際法にもとづいて、刑事責任を直接問うことのできるものをいう、と解される。

　国際人道法は、19 世紀に起源をもち、20 世紀に発達をとげた。そのうち、最も重要な意義をもつのは、1949 年の4つのジュネーヴ条約[*14]および 1977 年の2つの追加議定書[*15]である。これら2つの追加議定書は、変化する情況お

よび新しい紛争形態に国際人道法を適合させることを意図したものである。ここで注目すべきは、ジュネーヴ4条約は、条約に対する重大な違反行為（grave breaches）のいずれかを行い、または行うことを命じた者に対する有効な刑罰を定めるために必要な裁判権設定義務を定めていることである。この裁判権の設定は、世界主義（世界的裁判権主義）にもとづくものであり、それによって、国内法は国際人道法に適合することが期待されているのである。

2　国際人道法の基本原則

国際人道法の基本原則として、次の4つが挙げられる。

(a)　非戦闘員は、各種の危害から免れさせられるべきである。ここにいわゆる非戦闘員には、民間人のみならず、かつての戦闘員（例えば、捕虜のほか、負傷、病気等の理由で戦闘外〔*hors de combat*〕とされた者）も含まれる。

(b)　戦闘員は、軍事対象物と民間人との間を区別しなければならず、かつ、軍事対象物のみを攻撃すべきである（区別原則）。

(c)　軍事対象物を攻撃するに際しては、戦闘員は、副次的な民間損害を避け、または最小限にする措置をとらなければならず、また、過度の民間の損害を生じさせることのある攻撃を控えなければならない（均衡の原則）。

(d)　不必要な害悪を減少させ、かつ、人道的諸原則の尊重を維持するため、戦争の手段および方法につき制限がある。

これらの諸原則は、ICC規程に設けられている実に多様かつ詳細な戦争犯罪の構成要件を規定する基礎となっている。それらの規定を考察するに当たって着眼すべきことは、*jus ad bellum*（戦争をする権利に関する法）と*jus in bello*（戦争の過程における法）とを完全に区別するのが国際人道法の基本原則である、ということである。前者にあっては、いかなる場合に戦争をするのが正しいかが問われるが、これに対し、後者にあっては、交戦者が戦争の目的を達成するために行使することのできる武力の限界が問題となる。いずれの場合にも、正当な範囲を逸脱した場合には、戦争犯罪の責任を問われる可能性がある[16]。

3　ローマ規程における戦争犯罪の種類

規程8条は、戦争犯罪を統合して規定している。そこでは、国際的武力紛争（国家間武力紛争とも呼ばれる）と非国際的武力紛争（国内的武力紛争とも呼ばれる）

とを区別する原則が採用されている。規程8条に規定する戦争犯罪は、次の4つに分類される。
　(a)　ジュネーヴ4条約の重大な違反（2項a）
　(b)　国際武力紛争に適用される戦争法規および慣例その他の重大な違反（2項b）
　(c)　非国際的武力紛争におけるジュネーヴ4条約共通第3条の重大な違反（2項c）
　(d)　非国際的武力紛争に適用されるその他の法規および慣例の重大な違反であって、確立した国際法の枠組みの中にあるもの（2項e）
　この規程8条2項の構造は、複雑であって、各種の犯罪間の関係をいささかあいまいにしている、と批評されている。
　ア　国際的武力紛争
　国際的武力紛争は、ある国が他国の領域に対して直接に武力を行使するときに存在することになる。武力行使の程度は、問題でない。それゆえ、小競り合いのときでも、国際人道法および戦争犯罪法が適用されうる。紛争の当事国がそれを「戦争」と見ることは、必要でない。
　イ　非国際的武力紛争
　国際人道法の範囲は、ジュネーヴ4条約の共通第3条および追加議定書の詳細な規定によって非国際的武力紛争にまで拡大された。その結果、戦争犯罪の法は、非国際的武力紛争にも適用されうることとなった（2項d）。しかし、武力紛争とまで言えない非国際的紛争については、8条2項e（非国際的武力紛争に適用されるその他の法規および慣例の重大な違反）の場合[*17]には適用されない（2項f）。

4　人に対する戦争犯罪

　国際法では、国際人道法の準則が遵守される限りで、軍事衝突において人を殺傷することは容認される。それゆえ、条約等で保護されている者（被保護者）(protected persons) に対する侵害行為のみが戦争犯罪を構成することになる。規程8条2項aが「ジュネーヴ諸条約の規定で保護される者」に対する一連の侵害を戦争犯罪の類型として掲げているのは、このゆえである。この意味で、「保護される者」（被保護者）のみが、戦争犯罪の被害者となりうる。
　ジュネーヴ条約における「保護される者」は、戦地にある軍隊の傷者および病

者（第1条約）、海上にある軍隊の傷者、病者および難船者（第2条約）、捕虜（第3条約）ならびに紛争当事国または占領国の権力内にある者であって、それらの国の国民でないもの（第4条約）である。

　非国際的武力紛争の場合は、敵対行為に直接に参加しない者（武器を放棄した軍隊の構成員および病気、負傷、抑留その他の事由により戦闘外に置かれた者を含む）が、「保護される者」になる（2項c）。

5　ローマ規程における戦争犯罪の類型

　規程では、各種の類型の行為が戦争犯罪として類型化されている。それを整理して掲げる。

　ア　殺害（2項a (i)、2項c (i)）
　イ　非戦闘員の殺害と傷害（2項b (vi)）

　ここでいわゆる非戦闘員（persons hors de combat）には、武器を放棄し、またはもはや防御手段をもたずに、任意に降伏した戦闘員も含まれる[*18]。

　ウ　虐待行為

　2項a (ii)、(iii)、b (x)、c (i) および e (xi) は、各種の虐待行為を掲げている。それらの虐待行為をドイツの学者にならって類型的に分類すれば、次のとおりである[*19]。

　1．拷　問

　拷問は、虐待行為の中で最も代表的なものであって、ジュネーヴ4条約の共通第3条で「重大な違反」として禁止されている。規程8条2項a (ii)、2項c (i) は、拷問を戦争犯罪として明記している。「拷問」とは、人に著しい身体的または精神的苦痛を故意に与えることを意味する（1984年の拷問等禁止条約1条を参照）。拷問の程度が「著しい」ものでないときは、それは、人道に対する罪となる[*20]。

　2．身体または健康に対する重大な苦痛または傷害を生じさせること

　この犯罪は、国際的武力紛争の場合に限って成立する（2項a (iii)）。ジュネーヴ4条約で「保護される者」だけが、本罪の被害者となりうる。被害者が重大な苦痛を経験し、かつ、正常な生活を継続的に行う能力を長期にわたり害されたとき、本罪が成立する。

　3．身体の切断

　2項b (x) は、国際的武力紛争の場合につき、また、規程8条2項c (i) および

2項e (xi) は、非国際的武力紛争の場合につき、身体の切断を掲げている。これらの規定は、ジュネーヴ4条約の追加議定書を受け継いだものである。

4．生物学的、医学的または科学的実験

規程は、ジュネーヴ4条約における「重大な違反」規定を承けて、生物学的実験、医学的または科学的実験を戦争犯罪として掲げている。これは、第2次大戦中、捕虜に対して生物学的実験などが行われた事実にかんがみて規定されたものである（2項a (ii)、2項b (x) および2項e (xi)）。

5．非人道的または残虐な取扱い

規程8条は、国際的武力紛争の場合における「非人道的な取扱い」（2項a (ii)）を、また、非国際的武力紛争の場合における「残虐な取扱い」（2項c (i)）を、それぞれ戦争犯罪として規定している。両者の表現は異なっているが、要件は同じである。それは、ある行為が拷問概念を完全には充足しない場合における、その他の重大な違法行為を含む包括的犯罪である。

エ　性暴力（2項b (xxii))、同項e (vi))

これには、強姦とその他の形態の重大な性暴力とが含まれる。そうなると、人道に対する罪としての強姦と、その他の形態の重大な性暴力との差異はどこにあるかが、問われることになる。それは、それらの犯罪が犯されるときの状況、すなわち、武力紛争に際して犯された場合に、戦争犯罪としての性暴力罪が成立することになる。

「その他の形態の重大な性暴力」とは、性的奴隷化、強制売春、強制妊娠等を指す（7条1項g参照）。

オ　恥辱を与え、品位を汚す取扱い

2項b (xxi) は、国際的武力紛争の場合につき、また同条項c (ii) は、非国際的武力紛争の場合における人間の尊厳を汚す取扱いを規定する。戦争犯罪としての恥辱を与え、品位を汚す取扱いの可罰性は、つとに慣習国際法の下で認められていた。

カ　敵対国の軍隊における強制的使役

これには、次の2つの場合が含まれる。

①　捕虜またはその他保護された者を敵対国の軍隊において強制的に使役すること（2項a (v)）

②　敵国民を自国に対する戦争の作戦行動に強制的に参加させること（2項b

(xv))

キ　奴隷

規程8条2項は、奴隷（にすること）それ自体を戦争犯罪としては掲げていない。しかし、奴隷にすることは、人に対する所有権に連なるすべての権限を行使することであるので、人間の尊厳に対する侵害として、戦争犯罪を構成する（2項b (xxi)、c (ii)）[21]。

ク　正規の裁判なき処罰

これについては、次の2つの場合について規定されている。

①　国際紛争の場合における捕虜その他の被保護者から公正な正式裁判を受ける権利を剥奪すること（2項a (vi)）

これは、ジュネーヴ第3条約130条および第4条約147条で規定されていた。この原則は、同条約第1追加議定書85条4項eによりすべての被保護者にまで拡大されている。

②　非国際的紛争の場合につき、「一般に不可欠と認められるすべての裁判上の保障を与える正規に構成された裁判所の宣告する判決によることなく、刑を言い渡し、かつ、執行すること（2項c (iv)）

ケ　国際紛争における不法な追放、移送または監禁（2項a (vii)）

この犯罪は、ジュネーヴ第4条約（戦時における文民保護条約）の各種の条文にもとづいている。同条約147条では、民間人の不法な監禁は、同条約の重大な違反となる。

コ　人質に取ること

国際紛争の場合については2項a (viii) が、また、非国際紛争の場合については2項c (iii) が、それぞれ規定している。これら2つの場合を通じて、人質罪の要件は同じである。

1979年の人質を取る行為に関する国際条約1条（人質犯罪）は、人質の殺害、傷害または拘禁の継続をもって脅迫する行為であって、人質の解放のための明示的または黙示的な条件としてなんらかの作為または不作為を第3国に対して強要する目的で行うものを人質罪としている。

サ　子ども兵士の使用

規程8条は、国際紛争における15歳未満の子どもを国内軍隊に徴用・募集等する行為を（2項b (xxvi)）、また、非国際紛争において同様の行為をすること（2

項 e (vii)）を、国際犯罪として罰している。国際法でこれらの行為が犯罪化されたのは、これが最初である。

　シ　略奪（2項 b (xvi)）

6　禁止された戦闘手段の使用
これには、次の4つの類型が存在する。
① 　毒または毒性兵器の使用（2項 b (xvii)）
② 　化学兵器の使用（2項 b (xviii)）
　規程によれば、窒息性ガス、毒ガスその他のガスおよび類似の液体、物質または装置の使用が、これにあたる。
③ 　ダムダム弾（dumdum bullets）（2項 b (xix)）の使用
④ 　過剰な傷害または不必要な苦痛を生じさせる兵器の使用（2項 b (xx)）

7　特別に保護されている人および物に対する攻撃
この罪は、攻撃対象によって次の3つに分類される。
　① 　特別に保護されている建物に対する攻撃（2項 b (ix)）
　ここで「特別に保護されている建物」とは、宗教、教育、芸術、科学または慈善の目的に使われる建物、歴史的遺跡、病院等をいう。ただし、軍事目標でない場合に限る。
　② 　医療に従事する人および輸送（2項 b (xxiv)）
　ジュネーヴ諸条約の特定の徽章を用いる建物、医療品、輸送、それらに従事する人に対する攻撃が、これに該当する。すでにジュネーヴ第1条約、第2条約、第1追加議定書で、上記の攻撃は禁止されている。
　③ 　人道的援助または平和維持活動に対する攻撃（2項 b (iii)）

8　財産その他の権利に対する戦争犯罪
これには、次の5つの類型が含まれる。
　① 　軍事的必要性によって正当化されない財産の広範な破壊および領得（2項 a (iv)）
　② 　戦争の必要からやむをえない場合を除き、敵側の財産の破壊または接収（2項 b (xiii)）

③　紛争の必要からやむをえない場合を除き、敵側の財産の破壊または接収（2項e (xii)）

④　急襲した場合であっても、都市または場所における略奪（2項b (iv)、2項e (v)）

⑤　敵側国民の権利および訴訟活動に対する侵害（2項b (xiv)）

8. 適用法

1　ICC規程21条

罪刑法定主義を堅持する立場から、ICCではどのような刑罰法規が適用されるかは、重要な問題である。これにつき、規程21条は、次のとおり規定する。

第21条（適用法）

1　本裁判所は、次に掲げる法を適用する。

(a)　まず、本規程、付加構成要件（Elements of Crimes）並びに手続及び証拠の規則

(b)　次いで、適当と認める場合、適用可能な条約並びに武力紛争に関する国際法の確立した原則を含む、国際法の原則及び準則

(c)　前2号に該当しない場合には、世界の各種の法体系を代表する国内法から本裁判所が導き出した法の一般原則。これには、適当と認められるときに、その犯罪につき裁判権を通常行使する国の国内法を含む。ただし、これらの原則が本規程並びに国際法及び国際的に認められる規範及び基準と両立しないものでない場合に限る。

2　本裁判所は、その以前の裁判において解釈された法の原則及び規則を適用することができる。

3　本条による法の適用及び解釈は、国際的に認められる人権と両立するものでなければならず、かつ、第7条第3項に定義する性別、年齢、皮膚の色、言語、宗教若しくは信条、政治的意見その他の意見、国籍、民族的若しくは社会的出自、財産、出生若しくはその他のすべての地位に基づくいかなる差別もないものでなければならない。

この規定は、適用法に関する基本原則を掲げたものであるが、ローマ外交会議

で異なる立場から提出された対立する意見の妥協として生まれたものである。問題の核心は、裁判所に国際刑法の一般原則を適用することを許すことにより国際法秩序という特殊な性質に調和させるためには、どのような適用法の準則を定めるべきか、に置かれている。そこでは、①構成要件をどこまで明確に規定することが可能か、②何を基準として規範的構成要件要素につき公正な法解釈と法的判断をすることができるかが、課題となる。

2 適用法の順位

第1項（a）は、適用法の順位として、「本規程、付加構成要件並びに手続及び証拠の規則（Rules of Procedure and Evidence）を掲げている。これによれば、ICC規程の第1順位については、疑いがない。

第2順位のElements of Crimesについては、大いに議論がある。この語を直訳すれば、「犯罪の（諸）要素」となるであろうし、フランス語のéléments costitutifs des crimesという言葉は「犯罪構成要件」となる。しかし、規程9条1項が「Elements of Crimesは、第6条〔ジェノサイドの罪〕、第7条〔人道に対する罪〕及び第8条〔戦争犯罪〕の解釈及び適用にあたって本裁判所を助けるものとする。」と規定している趣旨からして、内容的には付加構成要件とでも訳されるべきものであろう。例えば、規程7条は「強姦」を人道に対する罪の1つとして規定している（1項g）が、同条2項では、「強姦」の定義をしていない。これにつき、付加構成要件7条1項（g）の1は、「強姦」について詳細な定義をしている。このように、付加構成要件は、管轄犯罪規定の解釈および適用にあたってICCを助ける役割を果たすものであって、規程の構成要件を補充する性格のものである。この意味では、「補充構成要件」と訳すこともできる。

ついで、第1項bは、第2次的に「適当と認める場合」に適用可能な条約並びに国際法の原則及び準則（rules）を適用する旨、規定する。

ここで「適用可能な条約」とは、当該事件につき直接拘束力をもつ条約を意味する。例えば、1949年のジュネーヴ4条約が、それである。

b号にいう「国際法の諸原則」とは、均衡の原則や罪刑法定主義のように広く認められている諸原則のごときものを指す。

「国際法の準則」は、例えば、民間人を標的とすることの禁止とか、捕虜を人道的に扱う義務のような、包括的な慣習準則を指す。

第1項c号における「世界の各種の法体系を代表する国内法から本裁判所が導き出した法の一般原則」は、最も争われる点である。どの国の法体系を手がかりとして法解釈を導き出すかは、大幅にICC裁判官の裁量に委ねられている。とはいえ、犯罪地国、犯人の国籍国および拘束国（犯人の現在国）の法体系を手がかりとすべきことが、提唱されている。

第2項は、先例にならうことを裁判所の裁量に委ねている。これは、先例に拘束性を認めるコモン・ロー（英米法）の立場と確定裁判の拘束力は当該事件についてのみ及ぶとするシヴィル・ロー（大陸法）の伝統的立場との妥協を図ったものである。

9. あとがき

ローマ規程は、その草案の作成を担うローマ外交会議において、多くの論点についてコモン・ロー（英米法）とシヴィル・ロー（大陸法）との妥協の結果、採択されたものである。実体法の分野について見れば、例えば、先例の拘束性をどのような形で認めるか、犯罪の成立を阻却する違法性阻却事由と責任阻却事由とをどのように区別するか、共犯や未遂の類型をどのような構造のものとして捉えるかなどが、その代表的なものである。

個別的な問題としては、上官の違法拘束命令に従った部下は無罪か有罪か、その法的根拠はなにか、国際刑法における正当防衛と緊急避難とはどのように区別されるかなど、困難で興味のある争点が存在する。

これらの問題点については、拙著『国際刑法学の課題』国際刑法研究第10巻（成文堂、2007年）を読んでいただきたい。この書には、国際刑事法が国内法に及ぼす影響、国際刑法における罪刑法定主義、ジェノサイドの罪、人道に対する罪などの、重要で興味深い論稿が収められている。読者がこの書をひもといて、新しい発見をされることを、心から期待する。

注

*1　規程の発効（2002年7月1日）から7年後に見直し会議が招集される。

*2　Kaul, Preconditions to the exercise of jurisdiction, in: Cassese, Gaeta & Jones, Rome Statute of the ICC. A Commentary, vol. I, 2002, p. 615.

*3 　規程によれば、「事態」(situation) と「事件」(case, affaire)（17条）とは区別される。「事態」は「状況」とも訳される。これに対し、「事件」は、証拠にもとづいて具体的な個別事件として把握されうるものを指すようである。それゆえ、事態の付託と個別事件の付託とは、別である。

*4 　この条約は、1951年1月12日発効。日本は未署名。

*5 　文化的ジェノサイドとは、言語や文化が集団の同一性（identity）の基準とされる場合のジェノサイドをいう。

*6 　政治的ジェノサイドとは、政治的動機等にもとづく民間人の団体の破壊を意図して行う殺人等をいう。

*7 　規程9条の"Elements of Crimes"は、直訳すれば「犯罪の要件」となるが、その直訳は「犯罪の成立要件」と受け取られるおそれがある。ICC規程の公式訳では、「犯罪の構成要件に関する文書」と訳されているが、この訳語は適当とは思われない。本稿では、規程の構成要件を補充する役割を果たすものという内容に則して「付加構成要件」と訳しておく。

*8 　この点は、人道に対する罪や戦争犯罪についても、同様に問題となる。

*9 　「ヨーロッパ枢軸国の重大戦争犯罪人の訴追及び処罰に関するロンドン協定」を指す。

*10　ジェノサイド条約により保護される特定の集団に限られることなく、より広い多様性をもつ集団であってもよい。

*11　森下忠『国際刑法学の課題』国際刑法研究第10巻（成文堂、2007年）228頁。

*12　森下・前掲書229頁、同『犯罪人引渡法の研究』（成文堂、2004年）202頁以下。

*13　森下・国際刑法学の課題231頁。

*14　第1条約：戦地にある軍隊の傷者及び病者の状態の改善に関する条約
　　　第2条約：海上にある軍隊の傷者、病者及び難船者の状態の改善に関する条約
　　　第3条約：捕虜の待遇に関する条約
　　　第4条約：戦時における文民の保護に関する条約

*15　第1議定書：国際的武力紛争の犠牲者の保護に関する追加議定書
　　　第2議定書：非国際的武力紛争の犠牲者の保護に関する追加議定書

*16　田岡良一『国際法Ⅲ（新版）』法律学全集57（有斐閣、1970年）305頁以下。

*17　暴動、独立のまたは散発的な暴力行為その他これらに類する性質の行為のごとき、国内における騒乱および緊張の事態が、これに当たる。

*18　ジュネーヴ条約第1追加議定書では、非戦闘員は攻撃されてはならない旨が規定され

ている。2項 b (vi) は、同趣旨のものと解されている。

*19 Werle, Principles of International Criminal Law, 2005, p. 305 et seq.

*20 ただし、拷問等禁止条約の定義とは異なって、行為者が「公的資格」で行為したことは、必要でない。

*21 Werle, Principles of International Criminal Law, 2005, p. 319.

（もりした・ただし）

第3章
国際刑事裁判所における刑事手続法と被告人の権利

新倉 修

1. 総説

　国際刑事裁判所（ICC）の手続は、ヨーロッパ大陸法と英米法との結婚によって生まれた*1。世界には、この2つの法系だけではなく、イスラム法やインド法、中国法など、様々な法系が存在する*2が、ICCの手続法のあり方に対して、この2つがとりわけ強く影響を及ぼしたのは、ICCを創設するのに強い影響を及ぼしたのが、この2つの法系に属する国の政府であったことに由来する*3。その特徴は、一言で言えば、英米法系は、適正な手続を重視した当事者主義の考え方を取るのに対して、大陸法系は、どちらかといえば、実体的真実の発見を重視した職権主義の考え方を取る。さらにいえば、英米法系は、被告人が同胞である市民によって構成される陪審の裁判を受ける権利を尊重し、したがってまた証拠法則を重視するのに対して、大陸法系は、市民の関与を認めるとしても、裁判官との協同を強調して、いわゆる参審制に傾くことになる。
　このような容易に両立しそうにもない2つの法系が結婚してつくられたICCの手続はどのようなものであろうか。大づかみに言えば、大陸法系の予審制を取り入

れたうえで、捜査における強制処分をコントロールする方法として、英米法系の令状審査によるだけではなく、強制処分を執行する機関として裁判官ないしは裁判官による合議制を取り入れた。他方、公判手続における犯罪事実の立証については、英米法系の証拠法則を取り入れて、当事者主義の利点を生かす工夫をしている。さらに言えば、英米法系では、犯罪事実の認定が同胞である陪審によるべしという考え方があり、実際にも、ICCにおいても陪審制によるべきだという主張があるけれど、実際の運用はかなり難しく、陪審の利点を生かすには多大な負担がかかるために、採用するには至らなかった。とは言え、裁判の正当性をどのような根拠に基づいて構想するのかという点と、過剰な処罰に対してどのような保障を構想するのかという点について、ICCにも陪審制を取り入れるべきだという問題提起は、興味深い論点を提起するものとして受けとめるべきであろう。

　国際条約との整合性が求められることによって、ICC規程も、たとえば市民的及び政治的権利に関する国際規約、とりわけ第14条に定める人権の水準を充たすものでなければならない。それを列挙すると次のようなリストで現される。なお、括弧内は、それぞれの権利の略称である[*4]。

1　独立の、かつ、公平な裁判所による公正な公開審理を受ける権利（裁判を受ける権利。14条1項）
2　有罪とされるまでは、無罪と推定される権利（無罪推定の権利。14条2項）
3　自ら理解する言語で速やかにかつ詳細にその犯罪の性質及び理由を告げられる権利（犯罪事実告知の権利。14条3項a）
4　防御の準備のために十分な時間及び便益を与えられ並びに自ら選任する弁護人と連絡する権利（弁護人との交通権。14条3項b）
5　不当に遅延することなく裁判を受ける権利（迅速な裁判。14条3項c）
6　自ら出席して裁判を受け及び、直接に又は自ら選任する弁護人を通じて、防御する権利（弁護人依頼権。14条3項d）
7　弁護人がいない場合には、弁護人を持つ権利を告げられる権利（弁護人選任の告知の権利。14条3項d）
8　裁判の利益のために必要な場合には、十分な支払手段を有しないときは自らその費用を負担することなく、弁護人を付される権利（公選弁護の権利。14条3項d）

9　自己に不利益な証人を尋問し又はこれに対し尋問させる権利（交互尋問権。14条3項e）
10　自己に不利な証人と同じ条件で自己のための証人を出席及びこれに対する尋問を求める権利（証人喚問権。14条3項e）
11　裁判所において使用される言語を理解すること又は話すことができない場合には、無料で通訳の援助を受ける権利（通訳依頼権。14条3項f）
12　自己に不利益な供述又は有罪の自白を強要されない権利（黙秘権・供述拒否権。14条3項g）
13　有罪の判決を受けたすべての者は、その判決及び刑罰を上級の裁判所によって再審理される権利（上訴権。14条5項）
14　確定判決によって有罪と決定された場合において、その後に、新たな事実又は新しく発見された事実により誤審のあったことが決定的に立証されたことを理由としてその有罪の判決が破棄され又は赦免が行われたときは、その有罪の判決の結果刑罰に服した者は、法律に基づいて補償を受ける権利（再審・刑事補償の権利。14条6項）
15　既に確定的に有罪又は無罪の判決を受けた行為について再び裁判され又は処罰されない権利（一事不再理・二重の危険。14条7項）

　また、被害者の権利宣言も、国連総会において採択されたところからみて、すでに国際的な常識として、踏まえるべき国際水準あるいは到達すべき目標として十分考慮されることになる。ICCは、大陸法系の付帯私訴にならった手続を取り入れることによって、犯罪被害者の刑事裁判への参加と損害賠償の補強を図っている。

2.　ICCの手続

1　概要

　ICCの手続は、国内刑事裁判所の手続と基本的には同じく、公判前の手続とりわけ捜査手続の段階、公訴の提起によって開始される公判手続の段階、判決によって終結する第一審手続に対して、不服の申立によって開始される上訴の手続の段階の3つに分けられる。このほかに、有罪判決の執行として、刑の執行に関する手続の段階もあるが、ここでは省略する[*5]。

まず、ICCの管轄権は、ICC規程5条に掲げる「国際社会全体の関心事である最も重大な犯罪」に限定され、かつ、「国家の刑事裁判権を補完する」（1条）とされていることから、捜査の開始はさしあたって管轄権の行使としてなされる。この場合、対象犯罪はまだ確定した事実として取り扱われるわけではなく、さしあたり対象犯罪にあたる可能性のあるものとして認識されるが、これを「犯罪が含まれる特定の単位」としてカウントされ、「事態 (situation)」あるいは「事件 (case)」と呼ばれる。捜査の端緒として締約国や国連安全保障理事会から検察官に付託されるのは「事態」であり（13条）、検察官が職権で捜査に着手する場合に予審裁判部に捜査の開始の許可を求める対象（15条4項）を指し、あるいは管轄権や受理許容性の判断の対象となる（17条、19条）のは「事件」であるというように使い分けがなされている。

　さてそのような区別があるものの、要するに、検察官が捜査を開始するのは、次の3つの場合に分けられる。管轄権行使の前提条件が備わっている場合であって、締約国によって事態が付託される場合、国連憲章第7章の規定に基づいて安保理事会が付託する場合、又は検察官の職権によって、予審裁判部の許可を得て捜査を行う場合である（13条）。

　公判前の手続段階は、証拠を収集して、被告人となるべき被疑者の身柄の確保など公判の準備が重要な局面を構成するが、ICCは独自の警察力（Police power）をもっておらず、捜査に当たる機関として検察官と予審部を設け、しかも証拠の収集や被疑者の逮捕には各国の警察力を頼って、捜査共助にほぼ全面的に依存するために、やや複雑な問題を包蔵することになる。

2　捜査

(1)　捜査の開始

　検察官は捜査の主体ではあるが、予審裁判部が重要な手続に関与することになっており、捜査に関わる一定の重要な命令や決定は、3名の裁判官で構成される合議体の予審裁判部が行う（39条2項(b)）。それ以外の命令や決定は、原則として、単独の裁判官が行うことができる（57条2項）。ただし、捜査の許可、受理許容性の予備的決定、異議申立に対する決定、関係国での直接捜査、犯罪事実の確認及び国家安全保障に関する決定は、合議体でなければできない。

　とりわけ検察官が犯罪に関する情報に基づき、自己の判断で捜査に着手しよう

とする場合には、取得した情報の重大性を分析し、その過程で、各国、国連の諸機関、その他の国際機関、NGOなどに追加的な情報を求め、あるいは裁判所所在地において証言を収集する（15条2項）。検察官は、収集した情報や証言の秘密性を保護し、その他規程によって負う検察官としての義務に応じて必要な措置を取らなければならない（規則46）。また証言を受けるのに際しては、質問をした人及び質問を記録する人、質問を受けた人、立会いの裁判官や検察官など関係者の署名や質問を実施した場所や日付と日時を記録し、また署名を拒んだ場合にはその旨の記載及びその理由を記し（規則111）、さらに、質問の全過程を録音又は録画する（規則112）など、証言の記録に必要な手続を取らなければならず、後になっては実施できないという重大なおそれがある場合には、手続の実効性や完全性を確保するために必要な措置を取り、質問を記録するのに立ち会う弁護人や裁判官の指名を求めるなどの措置を取らなければならない（規則47）。こうして得られた証言の許容性は、規程69条4項に従って判断される（規則47）。

　検察官はまた、捜査を進める合理的な理由があると判断した場合、収集した裏付けとなる資料を添えて、捜査の許可を予審裁判部に請求する（15条3項）が、この請求は書面によらなければならない（規則50.2）。この場合、検察官は、捜査の開始について考慮すべき事項、すなわち 対象犯罪が行われていると信ずるに足りる合理的な理由があるかどうか、規程17条にいう受理許容性があるかどうか、犯罪の重大性及び被害者の利益を考慮してもなお捜査が裁判の利益に資するものでないと信ずるに足りる実質的な理由があるかどうかを検討する（53条1項、規則48）。

　予審裁判部は、必要に応じて追加的な情報を求め、あるいは審理を開催した後（規則50.4）、捜査を進める合理的な理由があり、かつ、事件が裁判所の管轄権の範囲内にあると認める場合、捜査の開始を許可する（15条4項、規則50.5）。

　合理的な理由がないとして検察官が捜査の許可を申請しなかった場合（その場合には、理由を付けてその旨を情報提供者に連絡する。規則49、105.2）又は予審裁判部が捜査を許可しない場合であっても、後に新たな事実や証拠に照らして再検討・再請求することもできる（15条5項、6項、規則50.6）。

　検察官が捜査の開始・不開始を決定する際には、収集した情報を評価して、

手続を進める合理的な理由（犯罪の合理的な基礎）の有無を判断するだけではなく、事件についての受理許容性の有無と可能性（受理可能性）、犯罪の重大性と被害者の利益を考慮してもなお捜査が裁判の利益に資するものではないと信ずるに足りる実質的理由の有無（重大性と裁判の利益）を検討する（53条1項、規則104）。捜査を開始しない決定をする場合には、検察官は、事態を付託した締約国や国連安全保障理事会には書面をもって、情報提供者には必要な通知をしなければならない（53条1項、規則105.1、3、4、5）。

捜査を開始した後でも、訴追のために十分な根拠がないと検察官が判断した場合には、予審裁判部のほかに、付託事態の場合には付託を行った国又は安保理事会に対し、捜査中止の結論と理由を通報する（同条2項、規則106）。付託事態の場合には、付託を行った国は、検察官の捜査不開始・中止の決定に対して、通知を受けた日から90日以内に理由を記載した書面によって、予審裁判部に再検討を要請することができる（同条3項(a)、規則107）。管轄権や受理許容性が問題となっている場合には、受理許容性の異議申立手続の場合と同様に、裁判所書記から関係者に通知がなされる（規則107.2）。予審裁判部は、合議体の決定によって、検察官の決定の再検討を要請することができる。この場合、検察官は、すみやかに自らの決定を再考し、理由を付して書面をもって最終的な決定を予審裁判部に通知しなければならない（規則108.2、3）。

「裁判の利益」を理由として検察官が捜査の不開始又は中止を決定する場合（53条1項(c)、2項(c)）、予審裁判部は、決定の通知を受けてから180日以内に、職権によって検察官の決定を再検討することができる（同条3項(b)、規則109）。その上で、予審裁判部は、合議体の決定によって、検察官の決定を追認するかどうかを決定しなければならない（規則110.1）。予審裁判部が追認しない場合には、検察官の決定はなかったものとされ、検察官は捜査又は訴追を継続しなければならない（同条3項(b)、規則110.2）。もっとも、検察官は自ら、新たな事実や証拠に基づき捜査の不開始又は中止の決定を再検討することができる（同条4項）。

(2) 捜査のための検察官の責務と権限

捜査において検察官が負う責務と権限とは、「真実を証明するため、この規程に基づく刑事責任があるか否かの評価に関連するすべての事実及び証拠を網羅す

るよう捜査を及ぼす」責務であり、有罪の事情と無罪の事情とを同等に捜査するべき、いわゆる「公平」義務を負う（規程54条1項(a)）。つぎに効果的な捜査及び訴追を確保するために適切な措置をとり、その際、被害者や証人の利益や個人的事情を尊重し、また犯罪の性質を考慮する責務があり、被疑者の権利を十分に尊重する責務がある（同54条1項）。

　以上の責務に応じて、証拠の収集と検討、被害者及び証人の出頭要請と質問、国や国際機関による協力や政府間取決めに基づく協力の要請、新たな証拠を得るため文書や情報の入手に際して秘密を条件として、提供者の同意なしには開示しないことに同意すること、情報の秘密性、関係者の保護又は証拠保全のために必要な措置を取り、又は要請することなどの権限がある（54条3項）。また、一定の場合に証拠保全の措置をとることができる（56条、規則114）。

　注目するべきなのは、質問手続を記録するにあたって、録音・録画方式が大幅に取り入れられ、しかも記録の対象、方法、記録後の取扱い方法が詳細に規定されていることである（規則112.1 (a) - (f)）。すなわち、質問手続を記録するにあたって一般的な方法は、質問手続を記録した人及び質問をした人が署名するほか、質問を受けた人及びその弁護人が立ち会っている場合にはその弁護人が署名し、さらに立会いをした検察官及び裁判官が署名しなければならず、その場合には、質問手続が行われた日時と時間、場所及び立ち会った人全員の氏名を記録し、立ち会っていながら署名しない場合にはその人の氏名とその理由も記録しなければならない（規則111.1）。また、検察官又は各国の機関が質問する場合には、規程55条に定める手続に従わなければならず、質問を受ける人が規程55条2項に定める権利の告知を受けた場合には、その旨も記録しなければならない。しかし、検察官は、規程55条2項に基づいて被疑者に質問する場合又は同58条7項に従って逮捕状若しくは召喚状の対象とされた被疑者に質問する場合には、次の手続によらなければならない（規則112.1）。

　　(a)　その被疑者が十分に理解し、かつ、話す言語によって、質問手続が録音・録画されること、希望すれば異議を申し立てることができることを告げられ、これが告知されたことや被害者が応答した様子が記録され、被疑者は応答する前に、弁護人が立ち会っている場合には、秘密のうちに、その弁護人と相談することができ、被疑者が録音・録画を拒否する場合には規則111の手続を進めること

(b) 弁護人の立ち会っている中で質問を受けることの権利を放棄したことは書面に記録され、かつ、可能な場合に、録音・録画されること
(c) 質問を中断する場合には、録音・録画の記録が終了する前に、中断するという事実及び中断の時間を記録しなければならず、質問を再開する場合にも同様に、再開する時間を記録されなければならないこと
(d) 質問を終結する場合には、質問を受けた人は、自ら述べたことを確認し、希望することを付け加える機会を与えられなければならないこと、質問を終結する時間は記録されなければならないこと
(e) テープは、質問の終了後可及的速やかに反訳されなければならず、記録されたテープのコピー又は、複数の記録器械を用いた場合には、記録したテープの原本のひとつとともに、テープの反訳のコピーを、質問を受けた人に公布しなければならないこと
(f) 記録テープの原本又は複数原本がある場合にはその原本のひとつは、質問を受けた人及び、その弁護人が立ち会っていた場合には、その弁護人の面前で封印して、検察官、質問を受けた人及び、立ち会っていた弁護人が署名すること

　もっとも検察官が録音・録画の記録なしに質問することも認められるが、極めて例外的な場合に限られる。すなわち、まず検察官は、質問手続を録音・録画するためにあらゆる合理的な努力を行わなければならず、かつ、例外として、録音・録画を行うことができない事情がある場合には、録音・録画ができない理由を書面に記さなければならない（規則112.2）。また、録音・録画によらない質問手続を受けた場合には、質問を受けた人は、自らの供述のコピーを提供されることになる（規則112.3）。
　また検察官は、性暴力、子ども、障害を持つ者に質問する場合にも、録音・録画による記録方法を取ることができる（規則112.4）。さらに予審裁判部も、規程56条2項に基づく証拠保全のために、録音・録画による記録方法を利用することができる（規則112.5）。

(3) 捜査における国家等の協力
　国際社会は、いずれの国家にも属しないとされる公海や南極又は宇宙などを除いて、主権国家がそれぞれ領域を支配しているというのが現状であるから、検察

官が捜査をすれば、いずれかの国家の主権と抵触することになる。そこで、基本的には、国際協力及び司法上の援助（第9部）の枠組みを利用することになるが、例外的には、予審裁判部の許可を得て（57条3項(d)）、関係国の同意を得ないで、直接捜査を行うこともできる（54条2項）。このため、ローマ規程においては、締約国は、裁判所が行う捜査及び訴追に十分に協力する義務を負い（86条）、さらに、協力を可能とするために国内法の手続を整備する一般的な義務を負う（88条）。規程の文言は「裁判所」となっているが、これには、当然のことながら、ICCの検察官が含まれる。

(4) 捜査における予審裁判部の役割
　予審裁判部は、検察官による捜査を監督し、逮捕などの強制処分について司法的チェックを行い、令状を発付する（57条3項）。具体的には、
　　①検察官の要請により、捜査に必要な命令や令状を発付すること
　　②逮捕や召喚を受けた者の要請によって、防御の準備を支援するための必要な命令や各国に協力を要請すること
　　③必要な場合には、被害者や証人の保護・プライバシー保護や証拠保全、逮捕や召喚を受けた者の保護、国家安全保障情報の保護のための措置を取ること
　　④検察官が、締約国の協力を確保することなく当該国の領域内で特定の捜査上の措置を取ることを許可すること
　　⑤条約に定める一定の者に対して、被害者の最終的な利益のために、没収のための保全措置を取ること
以上のうち、④の場合は合議体でなければできないが、それ以外のものは、予審裁判部の裁判官が単独で行うこともできる。④に定める措置は、その事件について、可能な場合には、聴聞手続を行って当該締約国の見解を考慮した上で、当該締約国が、第9部に定める協力を実施する機関あるいは司法制度上の仕組みがないために、明らかに求められている協力を実施することができないと、予審裁判部が決定した場合に限って、実施することができる（57条3項(d)、規則115）。
　また、予審裁判部は、訴追される者について、職権によって、又は検察官や訴追される者若しくはその代理人の要請によって、医学的、心理学的、精神分析学

的な検査を行うことを決定することができる（規則 113）。この場合、予審裁判部は、検査の性質及び目的並びに対象となる人が検査に同意しているかどうかについて考慮しなければならない（同前）。

　検察官はいわば適正手続を確保する役割も負うことがあり、たとえば被疑者のために証拠保全の手続を取る権限が認められている（56 条）。もちろん、予審裁判部は、検察官が請求しなくても、被告人のために不可欠であると認める証拠を保全するために必要であると判断するときは、検察官と協議し、検察官が証拠保全の請求をしなかったことには正当な理由がないと判断すれば、職権を発動して証拠保全の手続をすることができる（同条3項(a)）。この決定は合議体で行う（規則 114.2）。この決定に対して、検察官は異議申立ができる（同条3項(b)）。また、第1審裁判部は、規程 69 条に従って、公判手続において、保全収集された証拠の許容性及び重要性を判断することになる（同条4項）。

(5)　裁判所への出頭確保（逮捕と召喚）

　予審裁判部は、検察官の請求によって、被疑者を出頭させるために逮捕状又は召喚状を発付することができる（58 条）。逮捕状は、被害者が管轄権の範囲内の犯罪を行ったと信ずるに足りる合理的な理由があり（犯罪の合理的な理由）、被疑者の出廷を確保し、被疑者が捜査や訴訟手続を妨害せず又は脅かさないことを確保し、あるいは、同一の状況から生ずる管轄権の範囲内の関連犯罪を継続して実行することを防止するために、逮捕が必要である（逮捕の必要性）場合に、予審裁判部が発付する。裁判所は、逮捕状に基づき、規程第9部の規定により、被疑者の仮逮捕又は逮捕及び引渡しを請求することができる（58 条5項）。また、犯罪を行ったと信ずるに足りる合理的な理由があり、かつ、出頭を確保するために召喚状で十分であると認める場合に、予審裁判部は召喚状を発付する。召喚状には、氏名その他、被疑者を特定する関連事項、被疑者が出頭すべき日、犯罪事実の具体的な言及、犯罪を構成する事実の簡潔な説明を記載すべきこととされている（58 条7項）。

　裁判所は、緊急の場合、引渡しの請求及び裏付けとなる文書を提出するまでの間、締約国に対して、一定の簡潔な説明を付して、仮逮捕の請求をすることができる（92 条）。

　逮捕状・召喚状の執行、仮逮捕の実行は、いずれも、直接的な強制力をもたず、

関係国の協力による必要があり、いずれも締約国及び国際的な協力が必要である。

(6) 裁判所における最初の手続と仮釈放

　被疑者が、逮捕状により逮捕されて裁判所に引き渡され、又は召喚状に応じて自発的に出頭すると、予審裁判部は、「最初の手続」と呼ばれる手続を進める。

　まず、予審裁判部は、被疑者が行ったとされる犯罪と被疑者の権利が被疑者に告知されていることを確認して（60条）、犯罪事実の確認のための審理の期日を設定して、公表する（規則121.1）。検察官又は被疑者は、この日程を延期するよう予審裁判部に請求することもできる（規則121.7）。

　その上で、逮捕された者は、公判までの期間、暫定的な釈放を請求することができる。これに対して、予審裁判部は、拘禁を継続するか、条件付又は無条件で釈放するかどうかを決定する（規程60条2項）。釈放に際して付される条件には、旅行の範囲制限、特定の場所や人物の訪問や交際の禁止、被害者や証人との接触禁止、特定の専門的職業従事の禁止、住所の指定、呼出への応答、保釈金の納付、旅券の提出などがある（規則119.1）。召喚状の手続でも、執行される国の国内法に反しない場合には、同様の条件を付けることができ、条件に違反する場合には逮捕手続に移行することがある（規則119.5）。

　裁判所に拘禁された者に対して、逃亡の予防、その者や他者の保護、その他警備上の理由がある場合を除いて、拘束具の使用は許されず、使用する場合にも出廷の際には外さなければならない（規則120）。

　予審裁判部は、定期的に又は検察官若しくは被疑者の要請によって、拘禁に関する決定を再検討し、又は釈放の条件を修正することができる（60条3項、規則118.2、3、同119）。さらに予審裁判部は、検察官による許容されない遅延のために被疑者が不合理な期間拘禁されないことを確保し、そのような遅延が生じた場合には条件付又は無条件で被疑者を釈放することができる（同条4項）。他方、釈放された者が釈放条件に違反するなどした場合には、出頭を確保するため逮捕状を発付することができる（同条5項、規則119.4）。

(7) 犯罪事実の確認手続

　予審裁判部が犯罪事実の確認手続を行うと、第1審裁判部が組織され、公判手続が開始される（61条11項）。

検察官は、訴追された者（the person charged）に対して、審理の30日以上前に、その主張する犯罪事実及び依拠しようとする証拠について通知しなければならず、さらに、予審裁判部は、審理のための情報の開示に関する命令を発することができる（61条3項、規則121.3）。
　検察官は、審理の前に、捜査を継続し、犯罪事実の改定や撤回をすることができる（同条4項）。犯罪事実を改定する場合、検察官は、予審裁判部及び訴追された者に対して、審理の15日以上前に、証拠の一覧表とともに、その旨通知しなければならない（規則121.4）。犯罪事実を撤回する場合、検察官は、訴追された者に対して通知しなければならず、予審裁判部にはさらに撤回の理由も通知しなければならない（同条4項）。撤回された犯罪事実についてすでに発せられた令状は、すべて効力を失う（同条10項）。
　予審裁判部は、規程61条3項に基づいて、証拠開示のための準備手続を開催することができる（規則121.2）。訴追を受ける者は、その際に、弁護人の代理又は補助を受けることができる。検察官が新たな証拠を提出しようとする場合には、その一覧表を審理の15日以上前に提出しなければならず、弁護側が証拠を提出する場合も、検察官が犯罪事実を改定したり新証拠を提出したりするのに対応する場合を除いて、審理の15日以上前に提出しなければならない（規則121.6）。予審裁判部は、提出期限を徒過した犯罪事実や証拠を考慮してはならない（規則121.8）。検察官及び弁護側は、事実と法に関する主張を審理の3日前までに予審裁判部に提出しなければならない（規則121.9）。
　予審裁判部は、被疑者の最初の出廷後、合理的な期間内に、審理を開始する（61条1項）。審理には、検察官、訴追を受けた者及びその弁護人が出席するが、被害者及びその法律上の代理人も、予審裁判部の許可があれば、手続に参加することができる（68条3項、規則89-91）。許可の要件は、規程68条によると、被害者の個人的な利益が影響を受ける場合であって、当該被害者の意見及び懸念が、裁判所が適当と判断する公判手続の段階において並びに被告人の権利及び公正かつ公平な公判を害さず、かつ、これらと両立する態様で、提示され、及び検討されるというように、相当に複雑である。裁判所には被害者・証人室という部署があり、被害者の参加については、被害者・証人室は、検察官及び裁判所に対し、規程43条6項に規定する適当な保護及び安全のための措置、カウンセリングその他の援助について助言することができる(68条4項)。

書記局は、参加当事者と協議しながら、手続のすべてについて完全かつ正確な記録をつくり、これを保存する（規則 121.10）。
　審理は、①書記局が訴追犯罪事実を朗読し、②予審裁判部の裁判長が証拠提出を含む審理の方法を決定し、③規程 19 条に基づいて管轄権や受理許容性に関する問題が提起された場合には、異議申立てについて判断し（規則 58）、④実体審理に入る前に、手続に関する異議や見解を聴取し、それらが提起された場合、予審裁判部は、双方に弁論の機会を与えて、その問題を、実体審理とともに審理するか、実体審理を延期して先に判断するかを決め、⑤実体審理における双方の主張と証拠を提出させ、⑥当事者が最終的な弁論を行う。
　検察官は、「訴追された者が訴追された犯罪を行ったと信ずるに足りる実質的な理由」を証明するための十分な証拠を提出しなければならないが、公判で証言を予定している証人を招致する必要はなく、証拠書類やその要約をもって証明することができる（61 条 5 項）。訴追された者は、犯罪事実や検察官の提出証拠に対して異議申立をし、自らの証拠を提出することができる（同条 6 項）。証拠を提出する場合には、審理の 15 日以上前に証拠の一覧表を予審裁判部に提出しなければならない（規則 121.6）。証拠に関する取扱いは、公判における証拠法則（69 条）が準用される（規則 122.9）。
　予審裁判部は、審理に基づき、「訴追された者が訴追された犯罪を行ったと信ずるに足りる実質的な理由」を証明するための十分な証拠の有無を判断し、犯罪事実を確認し、訴追された者を公判のために第 1 審裁判部に送致するか、犯罪事実の確認を拒否するか、あるいは 審理を延期し、検察官に対して、証拠提出や追加捜査を行い、若しくは提出された証拠に照らして犯罪事実の改定を行うことを要請するなどの判断を行う（61 条 7 項）。
　十分な証拠があって犯罪事実が確認されると、その確認の決定と被告人の送致が訴訟関係者と裁判所長会議に伝えられ、同会議は第 1 審裁判部を組織し、その第 1 審裁判部が、予審裁判部に代わって、後の手続に責任を負うことになる（同条 11 項、規則 129）。訴追された者は、被告人（the accused）となる。訴追が複数の犯罪事実からなり、犯罪事実の確認がなされたものと延期が必要なものがある場合、予審裁判部は、第 1 審裁判部が前者の手続開始を待つように、決定することができる（規則 127）。
　十分な証拠が存在しないとして犯罪事実の確認を拒否する決定がされた場合、

対象となった犯罪事実についてすでに発付された令状は、検察官による犯罪事実の撤回の場合と同様に、すべて効力を失う（同条10項）。検察官は、追加的な証拠によって再度確認の要請を行うことができる（同条8項）。

検察官は、公判が開始されるまでの間、予審裁判部の許可を得て、犯罪事実を改定することができる（同条9項）。予審裁判部又はそれに代わる第1審裁判部は、検察官から改定について書面による要請を受けた場合、事前に被告人に通知し、検察官と被告人に対して書面による意見を提出するように促し、許可するかどうかを決定する（同条9項、規則128.1、2）。ただし、裁判所が、検察官が追加的な犯罪事実に加えて、又はいっそう重大な犯罪事実に改めるものであると判断する場合、改めて犯罪事実の確認手続を経なければならない（同項、規則128.3）。

3　公判

(1)　総説

公判の場所は、原則として、裁判所の所在地であり、具体的にはハーグである（62条）。公判手続は、基本的には当事者主義の方式によるが、職権主義が前面に出る局面もある。たとえば、有罪の自認があってもそれだけでは有罪の判決を下すことはできないなど、慎重な手続を予定している（65条）。また、予審裁判部は、審判の対象となる「犯罪事実」の範囲についても、検察官に「改定」を要請することができるが、第1審裁判部はこのような手続はないものの、裁判の利益、特に被害者の利益のために事件についていっそう完全な事実の提示が必要であると認める場合には、証人の証言を含む追加的な証拠の提出を求めることができ、あるいは規程に定める通常の公判手続に従って公判を続けることを決定することができる（同条4項）。

検察官や被告人及びその弁護人などのいわゆる「当事者」だけではなく、被害者及びその法律上の代理人の参加を認める点（68条）も、これまでのさまざまな国際刑事裁判所とは異なる方式を取ったものと言うことができる。

公判手続を担当する第1審裁判部は、公判が公正かつ迅速なものであること並びに被告人の権利を十分に尊重して、かつ、被害者及び証人の保護に十分な考慮を払って行われることを確保する役割がある（64条2項）。また、国際人権規約にも規定があるけれど、無罪の推定が定められており、検察官には被告人の有

罪を証明する責任があり、裁判所は、被告人を有罪とするためには、合理的な疑いを超えて有罪を確信していなければならず（66条）、被告人には「挙証責任が転換されず、又は反証の責任が課されない」（67条1項(i)）。

被告人は、当事者として、管轄権や受理許容性について、異議申立をすることができる（規則133、58）。被告人は、公判の間在廷するものとされ、欠席判決は認められない（63条1項）。しかし、被告人が公判を妨害し続ける場合であって、警告など他の代替措置が十分でないことが判明したときには、被告人を退廷させ、また繰り返される場合には、必要な期間、被告人の出廷を禁止することができる（同条2項、規則170.1）。その場合でも、必要に応じて、通信技術を用いて被告人が法廷外から公判を傍聴し、弁護人に指示を与えるための措置を取る（同項）。

またもちろん、公判は公開であるが、第1審裁判部は、被害者・証人の保護、秘密・機微に触れる情報（sensitive information）の保護にとって必要とされる特別な場合には、特定の公判手続を非公開とすることができる（64条7項）。

第1審裁判部はさらに、検察官が犯罪事実を改定する旨を要請する場合の手続や犯罪事実を撤回することを要請する場合に、許可するかどうかを決めることができ（61条9項）、国の援助を得て、証人の出席と証言、文書その他の証拠を求め、秘密の情報を保護するための措置を決め、当事者に追加的な証拠の提出を命じ、被告人、被害者及び証人を保護するための措置をとり、その他関連する事項について決定する権限がある。

(2) 公判開始前の措置

予審裁判部から送付された記録は、裁判所書記が管理し、秘密性や国家安全保障情報に関する制限を受けながら、検察官、弁護人、手続に参加した国の代理人及び被害者とその法律上の代理人が閲覧可能な状態に置かれる（規則131）。第1審裁判部は、事件の割り当てを受けた後直ちに、公判期日を指定するために、準備手続を開き、当事者の出席を得て、公判期日を決めて、これを公表する（規則132.1）。第1審裁判部は、予備的な問題について、効果的かつ公正な任務遂行に必要な場合、予審裁判部又は予備裁判部門の対応可能な裁判官に付託することができる（64条4項）。さらに、必要に応じて、準備手続を開催し（規則132.2）、当事者と協議の上で、公正かつ迅速な公判手続を促進

するために必要な手続を採用し、公判で使用する言語を決定し、証拠開示が未了である文書又は情報を開示するための措置を決定する（同条3項）。

共同して訴追された複数の被告人は、原則として一緒に審理され、同一の公判でそれぞれが同じ権利を行使することができる（規則136）。しかし、第1審裁判部は、一定の場合には、職権によって又は検察官若しくは弁護人の要請によって、公判の分離を決定することができる（64条5項、規則136）。また、適当な場合に、複数の公判を併合することもできる（同項）。弁護側が規程の定める以外の責任阻却事由（31条3項）を主張するには、公判の開始に先立って、第1審裁判部と検察官に通知しなければならない（規則80.1）。通知を受けた第1審裁判部は、検察官と弁護側の意見を聞いて、弁護側の当該責任阻却事由が適用されるかどうかを決定する（31条2項、規則80.2）。適用を認める場合、裁判所は、検察官がその主張に応答するために期日の延期を認めることができる（規則80.3）。

第1審裁判部は、有罪自認能力の判断（64条8項(a)）その他の理由のために当事者の要請又は職権により、被告人の医学的、心理学的、精神分析学的な検査を命じることができる（規則135.1、113）。その場合、理由は記録に記載し、裁判所書記の認めるリストに記載する専門家又は当事者の申請によって第1審裁判部が認める専門家を指名する（規則135.2、3）。被告人が公判に適しないと認めるときは、公判を延期するが、その場合には120日ごとに事件を再検討することになる（規則135.4）。

(3) 公判手続

冒頭手続において、第1審裁判部は、予審裁判部が事前に確認した犯罪事実を被告人に対して読み聞かせ、当該被告人が当該犯罪事実の性質を理解していることを確認し、罪状認否の機会を与える（64条8項、67条）。公判において、裁判長は、公判手続の実施について指示を与えることができ、当事者はこの指示に従うことを条件として、証拠を提出することができる（同項(b)）。裁判長の指示が優先するけれど、当事者は合意に基づいて証拠提出を決めることもできる（規則140.1）。証拠の許容性や関連性を決定し、審理の過程における秩序維持のための措置を決定することは、第1審裁判部の権限に属する（64条9項）。

証人を申請した当事者は、その証人を尋問する権利を有し、それぞれ証言に関連する事項、信頼性、信憑性その他関連事項について証人を尋問する（規則

140.2)。第1審裁判部は、当事者の尋問の前でも後でも尋問を行うことができる。弁護側は、最終的に証人に尋問する権利を持つ（同前）。

　専門家証人以外の証人や証言未了の捜査官は、他の証人尋問が行われているときに在廷してはならない（規則140.3）。証人が他の証人の証言を聞いたという事実は、それのみによって証言する資格を失わされることはないが、記録されて、その証人の証言の証拠評価の際に考慮される（同前）。

　第1審裁判部の裁判長は、証拠調べが終了したときに証拠提出の終結を宣言し、検察官による論告及び弁護人による最終弁論の機会を与える（規則141）。最後の弁論は、つねに弁護側に与えられなければならない。

　第1審裁判部のもとで、裁判所書記は、反訳、録音・録画など公判手続の完全かつ正確な記録を作成し、保持するための措置を取る（64条10項、規則137.1）。第1審裁判部は、裁判所書記以外の者に対しても、写真撮影、録音・録画を許可することができる（規則137.7）。非公開手続の記録について第1審裁判部は、非開示を命ずる理由がなければ、全部又は一部の開示を命ずることができる（規則137.2）。

　裁判所書記は、第1審裁判部の命令に従い、審理の間に提出された証拠その他の資料を維持保管する（規則138）。

　第1審裁判部は、当事者の申立又は職権で、公判の秩序を維持するための必要な措置を取る（64条9項(b)）。

(4)　有罪自認の公判手続

　冒頭手続において、被告人が有罪を自認する場合、第1審裁判部は、①被告人が有罪自認の性質及び結果を理解していること、②自認が弁護人との十分な協議の上で自発的になされていること、かつ、③その有罪自認が、検察官が提出して、かつ、被告人が自認した犯罪事実によって裏付けられること若しくは検察官が提示する資料であって被告人が受け入れること、あるいは検察官や被告人の提出するその他の証拠によって裏付けられることを確認した上で、犯罪の立証に不可欠な事実の証明があったものとして、理由を記録に記載して有罪を決定することができる（65条1項、2項、規則139）。その場合でも、第1審裁判部は、裁判の利益、特に被害者の利益のため、より完全な事実の提示が必要と認めるときは、検察官に追加的証拠の提出を求め、あるいは公判の続行を決定して他の第1審

裁判部に事件を移送することができる（同条4項）。

なお、有罪の自認を承認すべきと認められない場合には、有罪の自認がなされなかったものとみなして公判の続行を決定しなければならない。その場合に、事件を他の第1審裁判部に移送することができる（同条3項）。

(5) 判決

判決は、第1審裁判部の裁判官が、公判において裁判所に提出され、かつ、裁判所において審理された証拠にのみ基づいて行い、評議は秘密とされ、全員一致の合意を得るように努力しつつ、第1審裁判部の裁判官の過半数で決定することができる（74条1項～4項、規則142）。判決は書面により、証拠に関する認定及び結論について十分な、かつ、詳しい理由を付した説明を記載し、多数意見のみならず少数意見の記載もできるほか、公開の法廷で言い渡すことが求められている（同条5項、規則144）。

有罪判決の場合には、刑に関する追加的な証拠又は意見を審理するために、職権によって、追加的な審理を行うこともでき、検察官若しくは被告人の要請がある場合は追加的な審理をしなければならない（76条、規則143）。さらに、被害者に対する又は被害者に関わる賠償に関する原則を確立して、これに従って、被害者に対する又は被害者に関わる損害、損失及び傷害の範囲及び程度を決定することができる（75条）。このように罪状についての判断と刑の量定についての判断や被害賠償についての判断とを段階的に区分する手続をとるのは、無罪を主張する被告人が、有罪とされるならば主張するであろう主張を行うことをたやすくするためとされている[*6]。

判決の言渡しは、その全文又は要約を公開の法廷で朗読して行う（74条5項、76条4項）。これは、他の決定（事件の受理許容性、管轄権に関する判断、刑罰、賠償命令）と同様に、可能な限り被告人及び検察官、被害者又はその法律上の代理人や国の代理人が参加している場合には、その在廷のもとでなされなければならない。これらの参加当事者には、判決文が裁判所の常用語で、また、被告人にはその者が十分に理解し又は話す言語で、可能な限り早く公布されなければならない（規則144.2）。

⑹ 刑罰と賠償

　裁判所で言い渡すことができる刑罰は、30年以下の拘禁刑か終身拘禁刑又は罰金、没収である（77条）。死刑廃止条約（政治的及び市民的権利に関する国際規約の第2選択議定書）との関係で、ICCは死刑を法定刑としていないが、終身刑についても、残虐性が問題になるので、例外的な刑とされる（77条1項(b)）だけではなく、25年を経た時点で減刑すべきかどうかを審査することが義務づけられている（110条3項）。

　規程は、対象犯罪がいずれも重大な国際犯罪であることから個別の犯罪については、裁判所が、犯罪の重大さ、有罪の判決を受けた者の個別の事情等の要因を考慮して、刑の量定をするとしている（78条1項）。

　拘禁刑の量定については、①刑全体（拘禁刑と罰金刑）がその者の有責を反映すること、②軽減・加重の諸要素、その者と犯罪自体の状況など関連要素のバランス、③被害者やその家族への害悪など生じた損害の程度、不法な行為の性質や犯罪実行に用いられた方法、その者の参加の程度、意図の程度、手段・時間・場所などの状況、その者の年齢・教育歴・社会的経済的状態など、④責任を軽減する状況、すなわち、軽度に減退した精神的能力や圧迫（duress）など、責任阻却事由を構成するには足りない状況、被害者の慰謝の努力や裁判所への協力など、その者の犯罪後の行動、⑤責任を加重する状況、すなわち、裁判所管轄下の犯罪や類似犯罪の前科、権限や公的資格の濫用、被害者が特に防御不能な状況での犯行、特別な残酷さや多数被害者に対する犯行、規程が禁止する事由に基づく差別（21条3項）を動機とする犯行、その他類似の性質の状況などを考慮しなければならない（規則145）。

　罰金刑を付加するかどうかについては、拘禁刑が十分な刑罰か、没収命令を含んだ判決を受けた者の金銭的負担能力、被害者への賠償命令、拘禁刑の量定において考慮される諸要素、犯罪が私的な財産的利得によって動機づけられた程度などを考慮する（77条2項(a)、規則146.1）。またその金額を決定するに際して、それらの諸要素に加えて、もたらされた損害や傷害、犯行から得られた利得などを考慮するが、その総額は、判決を受けた者の判明した資産（本人や被扶養者のための生活必要額を控除した後のもの）の75％を超えるものであってはならない（規則146.2）。罰金刑を科すに際して裁判所は、一時金のほかに、分割払い（規則146.3）、30日から最大5年の期間で日額罰金（規則146.4）な

どの方法をとることができる。罰金の未払いに対しては、締約国の国際協力（109条、規則217-222）を通じて適切な措置をとるが、裁判所長会議は最後の手段として、一定の限度で拘禁刑の期間を延長する決定をすることができる（規則146.5-7、裁判所規則118）。

　有罪判決を受けた犯罪によって直接・間接に生じた収益、財産及び資産は、没収命令（forfeiture）の対象となり、裁判所は公判の追加的審理でその特定と所在に関する証拠を審理して没収命令を発する（76条2項、77条2項(b)、規則147）。しかし、善意の第三者の権利を侵害することのないように、その者には通知がなされ、証拠を提出する機会が与えられる（規則147）。

　被害者に対する賠償命令を設け、しかも、被害者信託基金を設置してその実効性を担保したところが重要である。裁判所は、有罪の判決を受けた者に対して、被害者に関する適切な賠償（原状回復、補償及びリハビリテーションの提供を含む）の命令を発することができる（75条1項）。また裁判所は、適切な場合に、被害者とその家族のための信託基金（Trust Fund. 79条）を通じて、賠償の裁定額の支払いを命じることができる（75条2項）。

4　上訴

(1)　総説

　市民的政治的権利に関する国際規約14条5項及び6項は、上訴及び再審の権利を定めている。ICCは、これをさらに拡充して、検察官が、有罪判決に対して有罪判決を受けた者の利益のために上訴することも認めている。また、賠償の命令に対して被害者や財産の所有者にも上訴の権利を認めており、被害者の参加がさらに確保されている。

(2)　無罪・有罪又は刑の量定に対する上訴

　第1審裁判部の言い渡した判決に対して、検察官は、①手続上の誤り、②事実についての誤り、③法律上の誤りを理由として上訴することができるが、有罪判決については、さらにその他に、手続又は判決の公正性又は信頼性に影響及ぼすものについて、あるいは犯罪と刑との間の不均衡のみを理由として刑の量定について、上訴することができる（81条1項）。

　上訴裁判部は、刑の量刑に関する上訴の場合であっても、有罪判決の全部又

は一部を取り消しうる理由があると認めるときは、検察官又は有罪判決を受けた者に対して、有罪判決に対する上訴理由を提示するように求めることができる。また、有罪判決に対する上訴の場合でも、減刑のための理由があると認めるときは、減刑に関する理由の提示を求めることができる（81条2項）。

　第1審裁判部の判決に基づく刑の執行は、上訴が許される期間及び上訴手続の期間中は停止される。無罪判決の場合は、被告人は原則として直ちに釈放されるが、例外的な状況（逃亡の具体的危険性、犯罪の重大性、上訴が認められる可能性の考慮も含む）がある場合には、検察官の要請により、上訴手続の期間中、被告人を継続して拘禁する決定をすることができる（81条3項(c)）。この決定に対して、被告人は、上訴することができる（81条3項(c)ii）。

　有罪判決を受けた者は、第1審裁判部が別段の決定をしている場合を除き、上訴手続の期間中も引き続き拘禁される（同条3項(a)）。拘禁の期間が、第1審判決が言い渡した拘禁刑の期間を超える場合には、原則として釈放されるが、検察官が同時に上訴しているときには、例外的な状況にあたる事情があれば、引き続き拘禁する旨の決定をすることができる（同条3項(b)）。

(3)　その他の決定に対する上訴

　その他の決定に対する上訴は、いずれの当事者も上訴することができる。すなわち、①管轄権又は受理許容性に関する決定、②捜査され又は訴追されている者の釈放に関する決定、③予審裁判部の職権による証拠保全（56条3項）の決定、④予審裁判部や第1審裁判部が上訴を許可した決定であって、手続の公正かつ迅速な実施又は公判の結果に著しい影響を及ぼしうる問題に関する決定であり、かつ、当該裁判部が上訴裁判部による速やかな解決が手続を実質的に進行させることができると認めるとき（82条1項）などがある。

　さらに、⑤検察官による直接捜査の許可に関する予審裁判部の決定（57条3項）については、関係国又は検察官は上訴することができる（82条2項）。次に第1審裁判部の賠償命令に対しては、被害者の法律上の代理人、有罪の判決を受けた者又は規程75条に基づく被害者に対する賠償の命令によって不利な影響を受ける財産の善意の所有者は、賠償の命令に対して上訴することができる（82条4項）。

(4) 上訴についての手続

　上訴は、ICC の上訴裁判部に対して行う。上訴裁判部は、裁判所長及びその他の4人の裁判官によって構成され（39条1項）、上訴手続について第1審裁判部がもつすべての権限をもち、手続は、予審裁判部や第1審裁判部に適用される手続や証拠法則が適用される（83条1項、規則149）。上訴の取り下げは、上訴裁判部が評議に入るまでは自由に取り下げることができるが、検察官が有罪判決を受けた者のために行う場合は、事前にその意図を通知しなければ、取り下げることはできない（規則151.1、152、157）。

　上訴裁判部の判決は、裁判官の過半数をもって行い、判決には理由を明示しなければならない。判決の言渡しは公開の法廷で行う（83条4項、規則153.2、158.2）。少数意見を付けることもできる。

　上訴できる期間は、判決や命令が通知された日から30日以内とされている（規則150）。上訴がされると、裁判所書記は、公判の記録を上訴裁判部に移管するともに、公判手続に参加したすべての当事者に通知する（規則151）。

　上訴裁判部は、第1審裁判部の無罪・有罪の判決又は刑の量定について、承認、破棄若しくは修正の判決、又は異なる第1審裁判部に差し戻して再審するよう命じることができる（83条2項）。また上訴裁判部は、犯罪と刑が不均衡であると認める場合、刑の量定の規定（78条）に従って刑の変更の判決をすることができる（83条3項）。ただし上訴裁判部は、有罪判決を受ける者に不利になるように判決や刑の量定を変更することができない（同条2項）。

　上訴裁判部は、手続が判決や刑の量定の信頼性に影響を及ぼすほど不公正があったと認める場合、又は事実・法律・手続に関する誤りが判決や刑の量定に実質的影響を及ぼすと認める場合、原判決を承認しない旨の判決や命令を下すことができる（同前）。原判決を承認しない場合、上訴裁判部は、問題となる事実の審理のために第1審裁判部に差し戻したり、自判したりすることができる（同前）。

　賠償命令についても、同様であり、命令があってから30日以内に上訴することができ、上訴裁判部は、承認、破棄、修正の判決ができる（規則151、153）。その他、被告人の拘禁継続の決定（81条3項）、管轄権又は受理許容性や捜査・訴追対象者の釈放に関する決定（82条1項）に対する上訴は、決定が通知された日から5日以内に、職権による証拠保全の決定（同条1項(c)）に対する上訴は

決定が通知された日から2日以内にされなければならない。予審裁判部や第1審裁判部の許可を必要とする上訴（同条1項(d)）及び直接捜査の許可に関する予審裁判部の決定に対する上訴（82条2項）は、決定が通知された日から5日以内に、決定を行った裁判部に対して許可を求める理由を記載した書面によって申請しなければならない（規則155）。

これらの上訴がなされた場合、裁判所書記は、原決定を行った裁判部の記録を上訴裁判部に移管するとともに、原決定手続に参加した当事者に通知する（規則156.1、2）。上訴手続は、上訴裁判部が審理開催を決定しない限り、書面審理で、可能な限り迅速に行われる（規則156.3、4）。上訴を申し立てる者は、上訴裁判部に対して、効力停止の要請をすることができる（規則156.5）。

(5) 再審

有罪判決及び刑の量定については、再審の申立ができる。申立権者は、有罪判決を受けた者、その者が死亡した場合には、①配偶者・子・親、②有罪判決を受けた者が死亡した時に存命し、その者から書面で再審請求するよう明示的に指示された者、③有罪判決を受けた者のために行動する検察官である（84条1項）。

再審事由は、①新たな証拠の発見、すなわち、有罪判決を受けた者の責めに帰すことができない理由で公判時に利用することができなかったもので、かつ、公判において証明されていれば異なる判決となる可能性があるほど重大なもの、②公判で考慮されかつ有罪判決が依拠した決定的な証拠が、虚偽、偽造又は変造されたものであったことを新たに発見した場合、③犯罪事実の確認や有罪判決に参加した一人以上の裁判官が、その事件において解任が正当化されるほど(46条)の、重大な不当行為又は義務の重大な違反を行ったこととなっている。

上訴裁判部は、多数決によって、書面で理由を付した決定を下し、これを申立人及び手続に参加した当事者に通知する（規則159.2、3）。再審申立に理由がないと認める場合は却下するが、理由があると認める場合は、判決変更の是非を検討するため、原判決を行った第1審裁判部の招集、新たな第1審裁判部の組織、上訴裁判部が自ら管轄権を保持するという3つの方法のうち、いずれかの決定をする（84条2項）。

再審を担当する裁判部は、有罪判決を受けた者を国外から裁判所に移送する

ための措置をとり（規則160）、審理の日を決めて、関係当事者に通知をして、意見聴取する機会を設ける（同条2項、規則161.1）。

(6) 刑事補償

刑事補償は、次の場合に認められる。①裁判所によって違法に逮捕され、又は拘禁された者、②有罪判決を受けて刑に服した者で、確定判決後に新たな事実や新しく発見された事実によって誤審であったことが確定的に証明されて有罪判決が破棄された場合であって、その事実が明らかにされなかったことの全部又は一部について当該関係者が責めを負う場合を除く（85条1項、2項）。

また、裁判所は、無罪の確定判決を受けた者や公判手続終了後に釈放された者であっても、重大かつ明白な誤審であったことを立証する決定的な事実が発見されたという例外的な状況がその原因となっている場合、その裁量によって補償を与えることができる（85条3項）。この場合、補償金額は、重大かつ明白な誤審が、その者個人、家族、社会的及び専門的地位にもたらした結果を考慮して決める（規則175）。

これらの補償を求める請求者は、裁判所長会議に対して、理由を付して請求金額を明示して書面で要請し、裁判所長会議は、その要請を検討する裁判部を構成する。問題となった判決に加わっていなかった裁判官は、その裁判部に加わってはならない（規則173.1、3）。補償の請求は、請求事由を通知された日から6か月以内にしなければならない（規則173.2）。請求者は法的な援助を受けることができる（規則173.4）。

検察官は、補償請求に関する書面を送付され、応答する機会が与えられる（規則174.1）。担当裁判部は、職権により、又は検察官・請求者からの要求があった場合には必ず、審理を開催する（規則174.2）。決定は、裁判部の過半数によってなされ、検察官と請求者に通知される（規則174.3）。

注

*1　William A. Schabas, An Introduction to the International Criminal Court, Cambridge University Press, 3rd ed., 2007, p. 235.

*2　たとえば、千葉正士『世界の法思想入門』（講談社学術文庫、2007年）参照。

*3 東澤靖『国際刑事裁判所　法と実務』(明石書店、2007 年)、高山佳奈子「国際刑事裁判所の刑事手続の特質」村瀬信也・洪恵子共編『国際刑事裁判所』(東信堂、2008 年) 203 頁以下、Louis Joinet (sous la direction de), Lutter contre l'impunité, Editions La Découverte, 2002. Antonio Cassese, Paola Gaeta and John R.W.D. Jones (eds.), The Rome Statute of the International Criminal Court: A Commentary, Oxford University Press, Vol. II, 2002, pp.1111 to 1935.

*4 東澤・前掲書 199 頁以下参照。

*5 東澤・前掲書 271 頁以下参照。

*6 東澤・前掲書 168 頁。Schabas, p.304-306. 有罪認定後の量刑手続の重要性についてとりわけ旧ユーゴスラビアに関する国際刑事裁判所(ICTY)の先例を詳細に検討して、被告人にも検察官にも有用な手続であることが紹介されている。

(にいくら・おさむ)

第4章
国際刑事裁判所の手続における被害者の立場

西山 温

1. はじめに

　近代における各国の刑事手続においては、多くの場合、被害者は「単なる証人」として扱われ、被害者の権利保護の観念は十分に意識されてこなかった。これは、第二次世界大戦直後に開かれた歴史的な国際刑事法廷である、ニュルンベルグ国際軍事法廷及び極東国際軍事法廷においても同様であった。

　その後、各国の刑事手続においては、様々な形態により、被害者の権利が規定されるようになり（被害者に対する賠償制度はコモン・ロー法域において広まり、被害者が刑事手続へ直接に参加する制度は大陸法域において導入が進み、そして、刑事法廷における被害者及び証人の安全やプライバシーに対する配慮は、これら法体系を問わず、世界的に認識されるようになった）、国際人権法分野においても被害者の権利の確立が進んだ。特に、1985年11月29日に国連総会において採択された「犯罪と公権力濫用の被害者のための司法についての基本原則宣言」は、被害者には、司法へアクセスし公正な取扱いを受け、被害弁償、公的補償、援助等を受ける権利を有すべきであることを明確にし[*1]、被害者の権利を体系化するものであった。

　近時のアド・ホックな国際刑事法廷である旧ユーゴスラヴィア国際刑事法廷

(International Criminal Tribunal for the Former Yugoslavia：ICTY）及びルワンダ国際刑事法廷（International Criminal Tribunal for Rwanda：ICTR）においては、二次的な被害を防ぐために被害者及び証人を保護する措置や、将来において被害者が各国の法的手続を用いて被告人に対して損害賠償請求をする際に、同刑事法廷の裁判の結果を利用することができることについての規定が設けられた。しかし、依然として、被害者の司法手続への参加を認める措置や、これら刑事手続において被害者が被った損害を直接に救済する等の措置が規定されることはなかった。すなわち、被害者の権利がいかに世界的に認識されつつあっても、法規として明確に確立しておかなければ、アド・ホックな国際刑事法廷において急造される規程ないし規則においては、被害者は、やはり「単なる証人」のままであり続けてしまうことが如実に示された。

以上の経緯をふまえて誕生したICCにおけるICC規程（ローマ規程）は、前文において「20世紀の間に多数の児童、女性及び男性が人類の良心に深く衝撃を与える想像を絶する残虐な行為の犠牲者となってきたことに留意し」と謳い、被害者（又は証人）を保護し援助する制度、被害者の刑事手続への参加制度、被害者の民事的救済を図るための諸規程を設け、さらに、これらの被害者の権利を実質的に保障するための組織等も用意することとしたのである。この章では、ICCにおける被害者のための組織ないし制度、及び被害者のための諸規程を、日本における犯罪被害者に対する刑事手続制度（2007年改正刑事訴訟法）とも比較しながら概説することにする。

2. 被害者の定義

1 被害者概念の拡大

ICCがICC規程及びその下位規則である手続と証拠の規則において広く認めた被害者のための諸権利を、いかなる範囲の者が享受するかは、そもそも、ICCが「被害者」をどのように定義するかに懸かっているため、被害者の定義は非常に重要な意味を持つ。

ところで、前述の「犯罪と公権力濫用の被害者のための司法についての基本原則宣言」は、第1項において、「『被害者』とは、国連加盟国で有効な刑法に違反する作為または不作為によって、個人的にまたは集団的に、身体もしくは精神

的障害を含む被害、精神的苦痛、経済的損失または基本的権利の実質的な侵害を被った者をいう」と規定し、さらに第2項において、「本宣言の下では、加害者が特定されているか否か、逮捕、訴追または有罪判決を受けているか否かに関わらず、そして加害者と被害者との間の家族関係に関わらず、何人も『被害者』とみなされうる。『被害者』とはまた、適当な場合には、直接の被害者の直近の家族および被扶養者、ならびに、苦しんでいる被害者を援助し、または、被害を防止するために介入して被害を受けた者も含む。」と規定している。

このように「被害者」の定義は、上記基本原則宣言第1項が規定するように、犯罪によって直接に被害を被った者を意味する「本人型」と、同第2項第2文が規定するように、犯罪によって直接に被害を被った者の家族等、周辺域に存在する者までも被害者に含める「拡大型」に分けることができよう。

大規模な重大犯罪を取り扱う国際刑事法廷においては、訴追された犯罪によって直接に被害を被った者だけでもきわめて多数にのぼるため、被害者概念を拡大型に広げてしまうと、被害者の人数は更に膨大になり、手続が混乱するという懸念がある。実際に、ICTY及びICTRにおいては、被害者は「裁判所の管轄権の及ぶ犯罪が行われる対象となった者」と規定され、本人型の概念が採用されており、直接に被害を被った者の家族等の周辺域の人物が、被害者として扱われることはなかった。

2　ICCにおける定義

ICCにおいては、ICC規程が採択された際には同規程中に被害者は定義されなかったが、その後に採択された手続規則において、次のように「被害者」の定義がなされている（規則85）。

(a)　「被害者」とは、国際刑事裁判所の管轄権の及ぶ犯罪が行われた結果、害悪を被った自然人をいう。
(b)　組織や機関であっても、その組織や機関の、宗教、教育、芸術、科学または慈善目的に供される財産、並びに、歴史的な記念物、病院及び人道的目的のためのその他の場所または物に、直接の害悪を被った場合には、「被害者」に含まれうる。

この点、後者の規則85(b)は、場合によっては、自然人のみならず、物損を被った「組織や機関」も、「被害者」となることを規定するものであり、このような定義は、前記基本原則宣言においても想定されておらず、従来の被害者概念を大きく拡大させるものである。
　一方、前者の規則85(a)は、自然人が「被害者」になる場合について規定したものであり、ICC予審第1部は、コンゴ民主共和国における戦争犯罪についての予審判断の際に、規則85(a)は、自然人が「被害者」といえるためには、①自然人であること、②害悪を被った者であること、③当該犯罪についてICCの管轄権が及ぶこと、及び④当該犯罪と害悪との間に因果関係があることの4つの要件を満たす必要があることを示したものであると判示している[*2]。
　もっとも、規則85(a)の「害悪を被った自然人」という文言が意味する範疇は必ずしも明らかではないため、ICCは、自然人が「被害者」に該当する場合について、本人型を採用したものか、拡大型を採用したものかは判然としない。結局のところ、「害悪を被った自然人」の意味は、係属裁判部が、事件ごとに、又は手続ごとに判断するしかなく[*3]、このような個別の判断によっては、直接の被害者の家族等であっても「被害者」に含めることが十分に考えられる（実際にも、コンゴ民主共和国の事案において、予審第1部は、直接に被害を被った者の家族等も「害悪を被った自然人」に該当するとして拡大型の解釈を示している）。すなわち、ICCにおける「被害者」概念は、事件ごとに、「被害者」の範囲について、一定程度、異なる判断を示すことができる融通性を持ったものといえる。
　なお、5で後述するように、被害者として、ICCの刑事手続に参加することを希望する場合には、これを希望する者が、自ら上記の要件に該当することを立証することが必要となる。特に問題となるのは、④因果関係について、被害者がどの程度まで立証する必要があるかであるが、捜査段階においては、正確な因果関係まで特定する必要はなく、手続が進行するに従って、被害者側に求められる立証の程度は大きくなる。

3　日本における「被害者」および「被害者等」の定義

　2000年に施行された「犯罪被害者等の権利利益の保護を図るための刑事手続に付随する措置に関する法律」第1条は、「被害者」を「犯罪により害を被った者」であると定義し、また、「被害者」とは別個の存在として「遺族」を規定し

ている。すなわち、同法は、単に「被害者」という場合には、本人型の被害者を意味するものであることを明らかにしている。

　刑事訴訟法においても、「被害者」とは別に「被害者等」という用語を用いることによっても、間接的に、被害者の範囲を明らかにしている。例えば、刑事訴訟法292条の2は、「被害者」、「その法定代理人」に加えて「被害者が死亡した場合においては、その配偶者、直系の親族又は兄弟姉妹」を「被害者等」と定義し、これら被害者等は、公判期日において意見陳述ができると規定している。すなわち、同条によれば、単純に「被害者」といえば、本人型の被害者を意味するが、意見陳述ができる「被害者等」は、事実上、拡大型の被害者といえるのである。また、2007年6月改正によって、新たに大幅に認められることになった被害者の手続参加についても同様の使い分けがなされている（刑訴法290条の2第1項）。

　このように、日本においては、「被害者」とは別に「被害者等」という概念を用いることによって、いかなる範囲の者が被害者側の立場で刑事手続に参加できるかについて、疑義が生じることが回避されている。

3. ICCにおける被害者のための人的組織・制度

1　総説

　ICCにおいては、被害者の保護・援助、被害者の手続参加、被害者の民事的救済を、それぞれ促進するために、特別の人的組織や制度を準備している。

　ICC書記局内においては、被害者の手続参加及び民事的救済を実効的にするために「被害者参加・賠償セクション」が設けられ、被害者（及び証人）の保護・援助を促進するために「被害者・証人室」が設けられている。

　また、ICCにおいて採用される被害者の「法律上の代理人」制度は被害者の手続参加を実効化するものであり、ICC書記局管轄下に設置された「被害者のための公設弁護士事務所」は、被害者の法律上の代理人制度を補完するとともに、被害者を援助する役割も担っている。

2　被害者参加・賠償セクション

　ICC書記局内には、被害者の参加及び賠償を扱う専門部門として、被害者参加・

賠償セクションが設けられている。このセクションでは、その名のとおり、被害者の公判への参加、および賠償請求の申請書の記入に際して手続的な案内を行い、被害者がこれらの場面において権利を行使するのに必要な情報を提供している。

3　被害者・証人室
(1)　概要
　国際刑事法廷において、被害者や証人が証言をする場合には、その証言によって報復等を受ける危険性があり、これらの者の安全を十分に確保する必要がある。また、大量殺人や強姦・性的暴力等の犯罪が取り扱われる場合には、被害者や証人は、被害を受け、又は犯罪を目撃したことによる心的外傷（トラウマ）を抱えていることが多いため、心的外傷に関する専門的見地からの配慮が必要となる。

　そこで、近年のアド・ホックな国際刑事法廷においては裁判所内に、被害者・証人室が設置されるようになった。たとえば、ICTYに設置された被害者・証人室は、資格のあるスタッフによって被害者及び証人を保護する方法を推奨し、特に強姦等の性的暴力犯罪を扱う場合には、被害者及び証人に対して、カウンセリングや援助措置を提供するものと定められた。

　裁判所内に、被害者・証人室を設けるという支援制度は、ICCにも受け継がれ、ICC書記局内に、被害者・証人室が設置されることとなった。

　ICCの被害者・証人室は、検察局と協議した上で、証人や出廷する被害者、さらに証人が行う証言のために危険に晒される者について、これらの者の保護や、安全を図るための措置、カウンセリングその他の適当な援助の提供等を行うこととされている（43条6項）。

　さらに、被害者・証人室は、自ら直接に上記の措置や援助活動を行うだけでなく、裁判所や検察官が被害者や証人に接する場合にも、裁判所や検察官に対して、被害者や証人の保護・安全・カウンセリングその他の援助について助言を行うことによって、間接的にも被害者・証人の支援を行う（68条4項）。

(2)　被害者・証人室の専門性
　上記のカウンセリングその他の援助を適切に行うために、被害者・証人室には、心的外傷に関する専門的知識（特に、性的暴力犯罪に関する専門性が念頭に置かれている）を備えたスタッフが必要的に配置されている（43条6項）。また、適

切な場合には、ICC の職員（44 条）の命令に従うことを条件として、被害者・証人室内に、様々な種類の専門的知識を有した特別スタッフを配置することも可能である。規則は、特に、想定される特別スタッフの専門性として、証人の保護と安全、法的問題と管理上の問題（人道法と刑法の領域を含む）、補給管理、刑事訴訟手続における心理学、ジェンダーと文化的多様性、(特に心的外傷を負った) 子ども、(特に武力紛争と追放に関連する心的外傷を負った) 年配者、障害を持つ者、ソーシャルワークとカウンセリング、健康管理、通訳と翻訳を挙げている（規則 19）。

(3) 被害者・証人室による保護措置・援助・助言の内容

被害者・証人室の行う、保護措置・援助・助言の具体的内容は、① ICC 法廷に出頭した被害者、証人、またはこれらの者の証言によって危険に晒される者すべてに適用されるものと、②証人についてのみ適用されるものに分類されたうえで、次のように規定されている。

第一に、被害者、証人、またはこれらの者の証言によって危険に晒される者すべてに対して、被害者・証人室が行う保護措置・援助・助言としては、(ア)適切な保護措置及び安全確保措置を提供するとともに、保護を必要とする者のために長期的計画と短期的計画を立案すること、(イ)ICC における諸機関に対し、保護措置の採用を勧告し、さらに関係各国に対しても保護措置の助言をすること、(ウ)医療面、心理面での援助、及びその他の援助を受けられるようにすること、(エ)裁判所や関係当事者が、心的外傷、性的暴力、安全と秘匿性に関する問題点について理解するためのトレーニングを受けられるようにすること、(オ)検察局と協議した上、裁判所の捜査官、弁護側、裁判所の要請により活動するすべての政府機関及び非政府機関のために、これらの者が遵守すべき、被害者、証人及び証言によって危険に晒される者の安全・秘密保持の重要性を規定した行為規範を作成するよう勧告すること、及び(カ)以上の措置の提供にあたり、関係各国と協力することが定められている（規則 17．2(a)）。

第二に、証人に対してのみに適用される、被害者・証人室の保護措置・援助・助言としては、(a)証言に関する権利を守るための法的助言をはじめとして、証人自身の権利を守るための助言をどこで得られるかについて助言をすること、(b)裁判所で証言するために呼び出された証人を援助すること、及び(c)性的暴力の被害者

の証言を容易にするために、その者のジェンダーに配慮した措置をとることが定められている（規則17.2(b)）。

このように、被害者ではなく、敢えて証人に対する保護措置のみ別途規定されたのは、後で述べるように、ICCにおいては被害者は、法律上の代理人を選任することが可能であり、さらに公設弁護士事務所による援助制度もあるのに対して、証人にはこのような代理人の制度がないためであると思われる。

なお、被害者・証人室が、上記の保護措置・援助・助言を行うにあたっては、必要な場合には裁判所、検察官、被告人と協議しなければならず、また、個々の事案ごとに、被害者や証人において必要となる措置・援助を個別に判断したうえで、それに適切に応えるようにしなければならない（規則17.2本文、(a)本文、(b)本文）。

更に、被害者や証人等が、子ども、高齢者又は障害を有する者である場合には、特別の配慮が必要であり、特に、子どもを証人として法廷に参加させる場合には、被害者・証人室は、適宜、児童の親権者ないし法定代理人の同意を得たうえで、「子どものための援助者」を任命し、この「援助者」にその子どもの援助を行わせることとされている（規則17.3）。

⑷　保護措置・援助・助言の効果的実行のための責務

被害者・証人室が、いかに被害者や証人の利益に資する内容の保護措置・援助・助言を行ったとしても、例えば、被害者・証人室から、被害者や証人の氏名・住居情報等が第三者に漏出してしまった場合や、被害者・証人室と関係組織との連携が適切に行なわれなかった場合等には、被害者や証人は危険に晒されてしまうことになり、上記の保護措置・援助・助言は水泡に帰すことになる。

そこで、保護措置・援助・助言を、無意味なものとせず、効果的なものとするために、被害者・証人室には次のような責務が決められている。

㈦被害者・証人室の職員は、常に秘密情報の秘密性を維持しなければならない。㈣被害者・証人室は、検察局、弁護側及び証人にそれぞれ特別の利益があると認められる場合には、（必要な場合には、検察局と弁護側証人に対して別々に提供してきた被害者・証人室のサービスを、そのまま継続して適切に分離し続けるなどの方法により）証人の利益を尊重し、また、関係当事者と協力する際には、裁判所の決定及び判決に従って公平に行動しなければならない。㈱訴訟の全ての手続において、または訴訟が終結した後であっても合理的に考えて適切な場合

には、裁判所に出廷した証人、被害者及び証人の証言によって危険に晒される者が、運営上または技術上の援助を利用できるようにしなければならない。(エ)被害者・証人室の職員に対して、ジェンダーや文化的な感受性に関連する事項を含む、被害者と証人の安全性、融和性、及び品性を尊重するためのトレーニングを行わなければならない。(オ)適切な場合には、政府組織や非政府組織と協力しなければならない（規則18）。

(5) 日本における被害者支援組織との比較

以上のように、ICCにおける被害者・証人室は、検察局とは別個の組織として存在し、検察局と協議することはあるにしても、捜査・訴追機関とは独立した立場で被害者及び証人を支援するという中立性を有していること（後述するように、被害者の利益と、捜査・訴追機関の利益は必ずしも一致するものではなく、場合によってはむしろ利益が対立することがある）、被害者の心的外傷に関する専門的知識を有するスタッフをはじめ、配置されているスタッフが被害者に関する専門性を有していること、必ずしも「被害者」問題の専門家とはいえない検察局や裁判所から、助言を求められる等、その専門性が尊重されていること、裁判所や検察にも助言を行うのみならず、場合によっては被告人等の当事者や関係各国とも協議をする等、強力な権限があることに大きな特色がある。

他方、日本における被害者を支援する組織としては、警察内には犯罪被害支援対策室、検察内には被害者支援員、犯罪被害者支援業務を行う日本司法支援センター、その他民間の被害者支援組織等がある。しかし、いずれの場合も、ICCの被害者・証人室のように、捜査機関からの中立性・専門性・権限を全てそなえているものではない。

4 被害者の法律上の代理人制度

(1) 概要

ICCは、被害者がその権利を実現するために、弁護士資格を有する者を自らの法律上の代理人として自由に選任することを認めている（規則90.1）。**5.**で後述するとおり、被害者が法律上の代理人を選任した場合と、選任しない場合とでは、被害者側が手続に関与できる程度に相当の差異がある。

被害者の法律上の代理人は、刑事手続において、裁判官、検察官及び（弁

護士資格を有する）弁護人と相対峙しなければならないため、弁護人に要求される資格と同一の資格を有していなければならないとされる（規則90.6）。すなわち、被害者の法律上の代理人は、国際法・刑事法等において経験を積んだ法曹資格者であり、英語又はフランス語を流暢に操ることができなければならない（規則22.1参照）。

(2) 代理人の選任

　上記のとおり、被害者は、自ら法律上の代理人を自由に選任し、または選任しないのが原則である。しかし、重大な犯罪を取り扱うため、被害者が多数にのぼることが想定されているICCにおいては、それぞれの被害者が代理人を選任せずに、これら全ての被害者が刑事手続に参加しようとすれば、当該手続は大きく混乱することが予想される。逆に、全ての被害者が、それぞれ法律上の代理人を選任し、これら法律上の代理人が刑事手続に参加しようとしても、やはり当該手続は混乱するうえ、法律上の代理人を選任するための費用も膨大になる。

　そこで、被害者が複数いる場合には、裁判所は、訴訟手続を効率的に進行させるために、必要であれば書記局の補助を得ながら、これらの被害者ら、または被害者のグループに対して、共通の法律上の代理人を選任するように要求できる。この際、書記局は、被害者らが共通の法律上の代理人を選任するための調整を円滑にするため、書記局が保管している被害者の法律上の代理人の候補者である弁護士名簿を被害者らに提供したり、または、被害者らに対して、直接に、共通の法律上の代理人を選任するように勧めるなどのアレンジを行うことができる（規則90.2）。

　裁判所は、被害者らに対して、共通の法律上の代理人を選任する期限を決定することが可能であり、この期限までに被害者らが共通の法律上の代理人を選任できない場合には、裁判所は、書記官に対して、被害者に代わって共通の法律上の代理人を選任するように要求することができる（規則90.3）。その場合、裁判所と書記局は、被害者の共通の法律上の代理人を選任するにあたり、共通の法律上の代理人が、それぞれの被害者が個別に有する（特に、年齢、性別、健康及び犯罪の性質に関する）利益を適切に代理するように、また、利益が相反する被害者らを代理することがないように、あらゆる合理的な措置をとらなければならない（規則90.4）。さらに、裁判所が、共通の法律上の代理人を選任したに

もかかわらず、被害者らの中にこの代理人に対する費用を支払うことができない者がいる場合には、書記局は、この被害者に援助（場合によっては金銭的な援助を含む）を行う（規則90.5）。

なお、(5)で後述するとおり、裁判所は、被害者や書記官に対して、法律上の代理人の選任を要請するのみならず、正義の実現のために必要と判断した場合には、自ら、被害者の法律上の代理人を任命することができる（裁判所規則80.1）。

(3) 日本における被害者代理人との比較

日本では、2007年改正刑事訴訟法により、被害者等が被害者参加人として刑事手続に参加できるようになり、この場合に、被害者等は弁護士を委託することができるようになった（刑事訴訟法316条の33）。もっとも、ICCのように、裁判所が被害者に弁護士への委託を促すことは、法律上は予定されていない。これは、日本においては、手続に参加する被害者の人数が国際刑事法廷ほどには膨大になることは想定していないことに加え、検察官が相当程度、被害者の利益を擁護した上で訴訟を追行することが可能であると期待されているからであるように思われる（被害者参加人は検察官の権限行使に関して意見を述べることが可能であり、検察官も必要に応じて権限の行使・不行使について被害者に説明しなければならないとされるように〔刑事訴訟法316条の35〕、両者は密接に連携することとなった）。

このように、日本の場合は、検察官が被害者の利益を擁護する立場にあることを強調し、被害者を取り込むことによって、「検察官」対「被告人（弁護人）」の二当事者対立構造が基本的に維持されている。他方、ICCにおいては、5.で後述するとおり、被害者個人の利益と、公益の代表者たる検察官の利益は必ずしも一致するものではなく、しばしば対立することがあることを直視し、「被害者」は「検察官」から切り離され、二当事者対立構造の枠外に置かれ（いわば三当事者対立構造が築かれ）、弁護士である「法律上の代理人」によって擁護されているのである。

5　被害者のための公設弁護士事務所（OPCV）

(1) 役割

ICCにおいては、被告人のための公設弁護人事務所に対応する形で、被害者

のための公設弁護士事務所（Office of Public Counsel for Victims：OPCV）が書記局によって設置された（裁判所規則80.1、83.2）。OPCVの役割は、大きく別けて2つある。

　第一の役割は、被害者ないし被害者の法律上の代理人のために、法律上の調査を行い、又は助言を与え、さらに特定の問題に関して法廷に出廷するなど、被害者ないし被害者の法律上の代理人の支援と援助をすることであり、裁判所規則において、OPCVの設立目的は、まさに、この点にあると謳われている（裁判所規則81.1、4）。

　すなわち、被害者の法律上の代理人は、多くの場合、当人にとって、歴史的にも地理的にもあまり馴染みのない国・地域の刑事事案について、代理人を引き受けるのであるから、訴訟行為を行う以前に、紛争等の状況の地理・歴史・人種・宗教・政治等の背景資料を調査する必要が生じ、また、当該事案に必要な法的な問題点（国際刑事法における論点、ICCにおける被害者の参加の可否についての論点、賠償問題についての論点等）について調査をする必要が生じるのである。そこで、被害者ないし被害者の法律上の代理人は、OPCVに対して、上記の問題点について資料の提供や助言を求めたり（OPCVの主任弁護士であるPaolina Massida氏は、2007年5月19日、東京において開催された日弁連主催の国際刑事法セミナーにおいて、現在、被害者問題に関する書籍や資料等のデータ・ベース化や、図書館の設置によって、同事務所スタッフ及び被害者の法律上の代理人がともに閲覧・検索することができるように準備中であると報告している）、場合によっては、特別な論点についてはOPCVスタッフに対して、自らの特別代理人として法廷に立つように依頼できるのである[*4]。

　第二の役割は、OPCVに所属する弁護士スタッフが、自ら、被害者の法律上の代理人に就任することである。

　すなわち、4(2)で述べたとおり、裁判所は、正義の実現のために必要と判断した場合には、被害者の法律上の代理人を任命することができるが（裁判所規則80.1）、その際には、被害者のための公設弁護士事務所より被害者のための法律上の代理人を任命することとされているのである（同80条2項）。

(2)　独立性と協調性

　OPCVは、ICC書記局によって設置されたため、運営上は、同局の管轄に置

かれているが、その他の機能としては、ICCないし書記局からは完全に独立しており、同事務所内の弁護士スタッフや他のスタッフもICCないし書記局からは独立して行動している（裁判所規則81.2）。

他方、OPCVは、被害者の保護に関しては、ICC書記局内の被害者・証人室と相互協力を行うことが想定されている。

4. 被害者（又は証人）の保護・援助

1 総説

既に述べたように、集団による大量殺人、略奪、性的暴力等の極めて重大な犯罪行為を取り扱い、その犯罪行為の背景には、個人を超えた政治・宗教・人種・民族の対立が潜んでいる国際刑事法廷においては、被害者（又は証人）は、犯罪行為から相当期間の時間が経過してもなお、報復行為がなされる恐れがある危険な状態にあり、さらに、重度の心的外傷（トラウマ）に苦しんでいることが少なくない。

例えば、前者の危険性に関しては、ICTRにおけるAkayesu事件では、2名の証人が法廷において証言し、帰宅した後、2名とも殺害される惨劇に見舞われた[5]。また、後者の心的外傷についていえば、心的外傷体験によって、急性ストレス障害（ASD）及び外傷後ストレス障害（PTSD）等の精神的後遺症を生じさせることは広く知られているが、最近の研究によれば、犯罪被害に遭った場合には、自然災害や事故など他の被害に比べて、PTSDの発症率が高く、なかでも性暴力被害によるPTSD生涯有病率は、被害の内容に応じて3割から8割にまで上ることが報告されている[6]。すなわち、紛争地域における大規模な性暴力犯罪を扱うことが予定されている国際刑事法廷においては、PTSDは極めて深刻な問題なのである。

国際刑事法廷においては、これら被害者（又は証人）を二次的な被害から安全に保護し、いかに適切な援助を与えるかが極めて重大な課題とされていた。ICC規程は、ICTY及びITRにおいて採用された制度を概ね踏襲し、以下のとおり、被害者の保護・援助のための措置を規定している。

2　被害者及び証人保護の一般原則

すべての手続において、被害者及び証人の安全、心身の健康、尊厳およびプライバシーを保護するため、適切な措置がとられなければならない。すなわち、捜査・訴追段階においては検察官が被害者及び証人のための保護措置をとる義務を負い（68条1項第3文）、公判以降の手続においては裁判所が同様に保護措置をとる義務を負う（同項第1文）。

このように裁判所又は検察官がとる被害者及び証人のための保護措置は、被害者又は証人の年齢、性別、健康状態、及び性的暴力や児童に対する暴力などの犯罪の性質を考慮したものでなければならない（同項第2文）。もっとも、これらの保護措置は、被疑者及び被告人の権利や、裁判の公正性、公平性に優位するものであってはならず、これらの利益を害する保護措置や、これらの利益と両立しない保護措置をとることは許されない（同項第4文）。

保護措置の具体例としては、将来、危険に晒される可能性のある被害者及び証人の表記を匿名化すること、様々な審理を非公開とすること（**4**で後述する。）、心的外傷等を有する被害者及び証人に対して専門家カウンセリングを提供すること等があげられる。また、このような保護措置を行う際には、被害者・証人室は、適宜、検察官や裁判所に対して、助言を与えることができる（68条4項）。

3　捜査・訴追段階（公判開始前）における保護・援助の措置等

(1) 捜査開始決定の際の被害者の利益の考慮

検察官は、捜査の開始・不開始を決定する際には、犯罪の重大性とともに被害者の利益を考慮し、それらを考慮してもなお、捜査が裁判の利益にならないと思われる実質的な理由があるか否かを検討しなければならない（53条1項(a)）。

捜査開始を決断した後に、検察官は、捜査開始の許可を予審裁判部に申請しなければならないが（15条3項）、その際には、検察官は、検察官又は被害者・証人室が既にその存在を知っている被害者又はその法律上の代理人に対して、捜査開始の許可申請を行ったことを通知しなければならない。ただし、これらの者に通知することが、捜査の適正を損ない、もしくは被害者又は証人の生命または福利に危険をもたらすと判断される場合には、この限りではない（規則50.1）。他方、このような危険がないと判断される場合には、検察官は、未知の被害者グループに対しても一般的な方法によって接触を図ることができるが、その際には、

適宜、被害者・証人室に援助を求めることになる（規則50.1）。

(2) 捜査・訴追における被害者の利益の考慮

　検察官は、捜査及び訴追を効果的に行うために適当な措置をとることができるが、その場合には、被害者及び証人の利益並びに年齢・性別・健康等の被害者の個人的事情を尊重し、さらに、犯罪の性質を考慮しなければならない（54条1項(b)号）。なお、上記2の一般原則は、専ら被害者又は証人のために必要な措置をとらなければならないという規定であるのに対し、本規定は、専ら捜査・訴追のために必要な行為を行う際にも、被害者及び証人の利益を考慮しなければならないという規定である。

　また、検察官は、捜査にあたっては、情報の秘密性や被害者・証人等の関係者の安全を確保するために、自ら必要な措置をとらなければならないのは勿論のこと、他者に対しても、必要な措置をとるように要請することとされている（54条3項(f)号）。この要請先は、国、政府機関、個人等あらゆるケースが考えられ、ICC締約国に限られるものでもない。

　捜査に関する許可の是非等について審理をする予審裁判部は、上記2の一般原則に従って、必要な場合には、被害者及び証人の保護並びにこれらの者のプライバシーの保護のための措置をとることとされている（57条3項(c)号）。

　さらに、裁判所は、捜査及び訴追に関連して、ICC締約国に被害者の保護を要請することができ、ICC締約国はこれに応じなければならない（98条1項(j)号）。

(3) 公判準備段階における保護・援助の措置等

　被疑者が訴追されることになった場合には、当該被告人に対しては、第1回公判前の合理的な期間内に、起訴状と検察官が依拠しようとする証拠についての通知書が提供され（61条3項）、また、事前に開示されていない文書又は情報についても、公判の準備のために余裕をもって開示するものとされている（64条3項(c)号）。しかし、場合によっては、これら事前開示情報によって、被害者及び証人が危険に晒される可能性も十分に考えられる。

　そこで、これらの証拠又は情報の開示が証人又はその家族の安全に重大な危険をもたらし得る場合には、被告人の権利並びに裁判の公正さ及び公平性を害さず、かつ、これらと両立する限度で、検察官は、証拠等の開示を差し控え、その

代替物として、証拠等の要約を提出することができる（68条5項）。

4　公判段階における保護・援助の措置等

(1)　公判の運営における被害者保護

　裁判所は、公判の運営においては、公判を公正かつ迅速なものとし、被告人の権利を十分に尊重しなければならないが、それと同時に、被害者及び証人の保護にも十分な考慮をしなければならない（64条2項）。

(2)　被害者及び証人のための一般的保護措置

(ア)　一般的保護措置の手続

　上記2の被害者及び証人保護の一般原則によって、公判段階において、裁判所が保護措置（68条1項、2項）をとる場合は、以下のような手続に従う。
　保護措置の発令は、検察官、被告人ないし弁護人、被害者ないし被害者の法律上の代理人、もしくは証人による申請、又は裁判所の職権による発意を端緒とする（規則87.1）。
　保護措置の申請は、反対当事者（被害者もしくはその法律上の代理人又は証人が保護措置を申請する場合には、検察官及び被告人側の双方）及び保護措置の対象となる被害者またはその法律上の代理人及び証人に対しても送達し、これらの者が意見を提出する機会を設けなければならない。裁判所の発意が端緒となる場合も同様に、意見提出の機会を、検察官、被告人側、及び保護措置の対象となる被害者もしくはその法律上の代理人または証人に与えなければならない。なお、保護措置の申請は、被害者及び証人の保護を徹底するため、申請書を封緘した上で提出することも可能である。封緘をした申請がなされた場合には、関係当事者は、裁判所の命令があるまでは開封することは許されず、申請に対する返答についても封緘がなされる（規則87.2(a)～(e)）。
　これらの申請・発意及びこれに対する関係当事者の意見提出の後、裁判所は、保護措置をとることの是非について被害者・証人室と協議をしなければならない。この協議をふまえて、裁判所が、被害者、証人又は証人の証言によって危険に晒される者の保護のためには、保護措置の発令が適当と判断した場合には、可能であれば、保護措置の対象となる者に、保護措置に同意するように説得に努めた後で、同保護措置を発令する（規則87.1）。なお、これらの措置をとるか否か

を決するための聴聞は、法廷外の非公開審理によって行われる（規則87.3）。
　(イ)　一般的保護措置の具体例（被害者及び証人に関する情報の公開防止）
　公判段階における被害者及び証人のための一般的な保護措置として、広く発令されることが想定されているのは、被害者及び証人の個別情報が公開されることを防止するための措置である。
　すなわち、ICCにおいては、被告人は、公開された法廷において審理を受ける権利を保障されているが（67条1項）、裁判所は、例外的措置として、被害者、証人又は被告人を保護するために、公判手続の一部を非公開とすることができる。また、公開法廷を維持する場合においても、被害者及び証人の情報が明らかとならないように、証拠などの提出を電子的手段その他特別な手段によって行うことを認めることができる。なお、これらの措置は、性暴力又は児童に対する暴力犯罪を扱う場合には、特に被害者又は証人の意見を尊重した上で実施されなければならない（68条2項）。
　また、裁判所は、上記のように審理の一部を非公開としたり、証拠の提出方法を秘匿的にするだけでなく、被害者及び証人又は証人の証言によって危険に晒される者の身元等の情報を、公衆や報道機関に伝達するのを防ぐため、(a)裁判所の公式記録から、被害者、証人又はこれらの証言によって危険に晒される者の名前や、身元につながる情報を抹消すること、(b)手続参加者に(a)のような情報を第三者に開示することを禁止すること、(c)ビデオ会議や音声メディアなど電子的またはその他の手段によって証言を行わせること、(d)被害者又は証人の名前を匿名・偽名とすること、及び(e)手続の一部を法廷外において非公開で行うこと等の措置をとることができる（規則87.3）。

(3)　被害者又は証人のための特別措置
　上記の一般的措置以外にも、被害者及び証人又は証人の証言によって危険に晒される者の保護のために必要な措置が考えられる場合には、裁判所は弾力的に特別措置の発令を行う。
　(ア)　特別措置の手続
　特別措置をとるために必要な手続は、原則的には、上記(2)の一般的措置の場合における手続と同様であり（規則88.1〜4。ただし、特別措置を命令するか否を決定するための聴聞は、必ずしも非公開にする必要はなく、当事者の一方の

みを出席させるという形態であってもよい（規則88.2））、適宜、一般的措置の場合における手続規定に必要な修正を加えて適用する（規則88.3）。

　(イ)　特別措置の具体例

　特別措置としては、条文上、被害者又は証人が証言している間、弁護士、法律上の代理人、心理学者、家族が立ち会うことを許可することが挙げられているが、保護措置はこれに限られるものではなく、例えば被告人からの遮蔽措置等、様々な措置が考えられる（規則88.2）。

　(4)　尋問の際の被害者及び証人の保護

　被害者及び証人に対する尋問が行われる場合には、裁判所は、被害者及び証人のプライバシーが侵害されると、被害者及び証人の安全が脅かされることになることを十分考慮した上で、嫌がらせや威迫にわたる尋問が行われないように（特に、性的暴力犯罪の被害者が尋問によって傷つけられないように）注意深く尋問の方法をコントロールしなければならない（規則88.5）。

　上記の尋問の際の被害者及び証人に対する配慮は、条文上は、特別措置について規定した手続と証拠の規則88の中に規定されているが、特別措置の発令の際に必要な上記(3)記載の手続を踏まなければ、これらの配慮を行えないとするのは不合理である。これらの配慮は、条文上の位置に関わらず、特別措置とは別に一般的な注意義務として規定されたものと考えられる。

5　日本における保護措置との比較

　日本においても、2007年刑事訴訟法改正前から、一定の範囲において被害者及び証人の二次被害を防止するための保護措置が採られている。

　ところで、ICCが扱う事件の被害者又は証人が被った心的外傷や報復の危険は極めて深刻であるにもかかわらず、ICC規程が定める保護措置は、一貫して「被告人の権利」や「裁判の公正さ・公平性」を害するものや、これと両立しないものであってはならないとし（68条1項等）、特に「被告人の権利」を軽んずるところがないことは注目に値する。そのかわり、ICCにおける被害者又は証人のための保護措置は、すでに述べたとおり、弾力的な規定となっており定型的なものではなく、被害者及び証人に対する保護措置が条文上定型的に規定されているわが国の刑事訴訟法とは大きく異なる。すなわち、ICCにおいては、裁判所は、

被害者・証人側の利益と被告人の権利の双方を考慮し、被害者・証人室という専門機関の助言も得たうえで、当該事案に即した措置を柔軟に採用することが可能とされているのである。

5. 被害者の手続参加

1 被害者及び被害者の法律上の代理人に認められた手続参加

ICC においては、以下のような場合には、3.4で述べたとおり、被害者ないし被害者の法律上の代理人による刑事手続への参加を認めている。もっとも、後述のとおり、裁判所は、被害者又は被害者の法律上の代理人の訴訟参加の方法を指定することができるため（規則89.1、同91.2）、裁判所が指定した参加方法によっては、以下の参加形態のうち認められないものもあり得る。

(1) 見解ないし懸念の表明（訴訟手続への参加の一般原則）

被害者及び被害者の法律上の代理人は、一定の要件のもと、法廷手続に参加し、被害者側の意見ないし懸念を表明することができる（68条3項）。なお、裁判所は、手続参加をした被害者及び被害者の法律上の代理人に対しては、いかなる争点についても見解を求めることができ、また、適切な場合には、手続参加をしていない被害者に対しても、その見解を求めることができる（規則93）。

被害者ないし被害者の法律上の代理人の手続参加が認められるための実質的要件としては、規則85に定義される被害者であること（被害者の定義については**2.**で述べたとおりである。）、被害者の個人的な利益に影響を及ぼす場合であること、裁判所が適切と判断する手続段階であること、及び被告人の権利及び公正で公平な裁判を害さない方法による参加によることが必要となる（68条3項）。

また、手続参加のための形式的な要件としては、被害者又は被害者の法律上の代理人（被害者が子どもである場合や、被害者が障害を有する者で、必要がある場合には、親権者等の被害者の代理人や、介助者等、被害者の同意を得て行動している者も含む。）が、参加を希望する手続の段階が始まるまでに、ICC書記局（被害者参加・賠償セクション）に手続参加の申請書を提出することが必要となる（規則89.1、3）。

書記官は、提出された申請書を、当該訴訟が係属する裁判部に届けるとともに、

その申請書の写しを検察官及び被告人側に提供する。ただし、検察官及び被告人側に対する申請書の写しの提供は、検察官及び被告人側が、被害者及び証人の安全、プライバシー等の保護について規定したICC規程68条1項等に従い、申請書の内容を知ることによって、被害者を危険な状況に陥らせないことが条件とされている。申請書の写しの提供を受けた検察官及び被告人側は、裁判所が決めた期限までに、被害者の手続参加に対する意見を裁判所に提出することができる（規則89.2）。裁判所は、これらの意見を踏まえ、当該被害者に上記の実質的要件が備わっているかを判断し、また、複数の被害者から手続参加の申請がなされた場合には、訴訟手続の効率性についても併せて考慮し、手続参加の可否を決定する。なお、前述のとおり、手続参加を許可する場合においても、裁判所はその具体的な参加方法を指定することができる（規則89.1、2、4）。

　手続参加の申請が却下された場合でも、被害者はその後の手続において、改めて手続参加の申請をすることが可能である（規則89.3）。

　ところで、ICC規程68条3項は、被害者及び被害者の法律上の代理人が、手続参加することが許されるのは「公判手続の段階」であると明文において規定しているため、これよりも前の予審手続またはこの後の上訴審手続において、被害者及び被害者の法律上の代理人の手続参加が許されるか否かが問題となる。特に、予審段階において、捜査に先行して、又は並行して、被害者の参加を認めると、捜査の密行性・迅速性が阻害されてしまい、さらには立証の難易によって起訴事件を絞ろうとする検察官の方針と被害者の意思が相反することも考えられることから、捜査における弊害が大きいと検察官から指摘されている。この点、ICC予審第1部は2006年1月17日、予審段階において被害者の手続参加を認める判断を行い、ICC上訴裁判部も同年12月12日、上訴審における被害者の手続参加を認める判断を行った。

(2)　決定・命令等における意見表明

　被害者及び被害者の法律上の代理人は、捜査開始許否についての予審部の決定（15条3項）、管轄及び受理許容性についての裁判部の決定（19条3項）、有罪宣告の際の裁判所の補償命令（75条3項）、減刑審査（110条3項、規則224.1）において、意見を表明することができる。

(3) 補償請求権

裁判所は、判決の際に、被害者及び被害者の法律上の代理人の請求により、又は、職権によって、被害回復のための補償命令を発することができる（75条1項）。被害者及び被害者の法律上の代理人が、この請求をする場合には、被害内容、請求する補償内容等を特定した請求書をICC書記官に提出する必要がある（規則94.1）。この手続については、**6.**で後述する。

(4) 記録の閲覧権

予審段階において予審裁判部に提出された文書等の記録は、全て書記官によって保存される（規則121.10）。訴訟手続に参加している被害者及び被害者の法律上の代理人は、当該記録の秘匿性を守ることを条件に、予審段階においても、また、公判段階においても、訴訟手続の記録を閲覧することができる（規則121.10、131.2）。

(5) 決定・判決宣告の立会権等（規則144）

裁判所において決定及び判決が宣告される場合には、訴訟手続に参加している被害者又は被害者の法律上の代理人は、可能である場合には、被告人、検察官、及び関係国の代表者とともに、宣告がなされる法廷に在席することとされている（規則144.1）。

また、訴訟に参加している被害者及び被害者の法律上の代理人は、上記の宣告がなされた後に、すみやかに決定文又は判決文の写しを受領することができる（規則144.2(a)）。

2　被害者の法律上の代理人に認められた手続参加

(1) 意見表明権

被害者の法律上の代理人にも、被害者と同様に、1(2)で述べたとおり、意見表明権が認められている。被害者の法律上の代理人が意見を表明した場合には、検察官及び被告人側に対して、これに対する反論等の意見を提出することを許可しなければならない（規則91.2）。被害者自身が意見を表明する場合には、このような検察官及び被告人側の反論等の意見表明権についての規定がないことからすれば（被害者自身が意見表明した場合に、検察官及び被告人側が反論するこ

とが許されないわけではない）、この反論権は、弁護士である被害者の法律上の代理人の意見に、相当程度の影響力があることを踏まえて設けられた規定であると思われる。

(2) 質問権

被害者が法律上の代理人を選任した場合には、単なる見解ないし懸念の表明、あるいは意見表明にとどまらず、被害者の法律上の代理人が、証人、鑑定人または被告人に対して直接又は間接に尋問ないし質問をすることも可能となる。

被害者の法律上の代理人から尋問ないし質問の申請を受けた裁判所は、その法律上の代理人に対し、尋問ないし質問内容を明らかにした覚書の提出を要求することができる。被害者の法律上の代理人が提出した覚書は検察官にも開示され、検察官は尋問ないし質問に対する意見を述べることが許される。また、適切な場合には、この覚書は、被告人側にも開示され、同様に被告人も覚書に対する意見を述べることが許される。これらを踏まえ、裁判所は、手続の段階、被告人の権利、証人の権利、公正・中立で迅速な裁判の利益を考慮した上で、尋問ないし質問の可否・方法・順序について決定を行う。なお、裁判所は、代理人による直接の質問を許可せず、その代わりに裁判官が覚書所定の尋問ないし質問を行うことを決定してもよい（規則91.3）。

なお、刑事手続が、ICC規程75条が規定する被害者に対する賠償について判断する手続に進行した場合には、被害者の法律上の代理人が、証人、鑑定人、被告人及び被害者に対して質問をし、又は尋問することに上記の制限はない。したがって、被害者の法律上の代理人は、裁判所の許可を得た上で、これらの者に対して直接尋問ないし質問ができる（規則91.4）。

(3) 上訴権

裁判所が、有罪判決に付した補償命令の内容に不服がある場合には、被害者側においてもこれに対して上訴をすることができるが、ICC規程の条文上は、この場合の上訴権者は、被害者ではなく、被害者の法律上の代理人とされている（82条4項）。もっとも、被害者への賠償請求自体は、被害者は法律上の代理人を選任しなくとも、自ら行うことができるのであるから（規則94.1）、上訴の場合のみ、被害者側の上訴権者を、法律上の代理人に限定する必要性は乏しいように思わ

れる（ICCにおける被害者への賠償を、**6.**で後述する「附帯私訴制度」に近い制度であると考えれば、被害者に上訴権が広く認められるべきであろうし、他方、「損害賠償命令制度」に近い制度であると考えれば、上訴について被害者の意思を反映する特段の必要性はない。ICCは、本制度を両者の法体系の中間的な規定として、被害者の法律上の代理人のみを上訴権者とし、かつ濫訴的な上訴を予防したとも考えられる）。

3　被害者及び被害者の法律上の代理人の手続参加の機会の提供

上記のとおり、被害者及び被害者の法律上の代理人が、ICCの手続に参加する場合には、訴訟の手続の進行を予め把握し、参加を希望する手続の段階が始まるまでに、訴訟参加の申請書を提出する必要があり（規則89.1、91.2）、さらに、既に訴訟参加している場合でも、効果的に権利を行使するためには、訴訟の進行状況を正確に知る必要がある。このため、ICC書記局の被害者参加・賠償セクションは、被害者と把握する者、又は既に訴訟参加している者に対して、適時に事件の進行を通知し、あるいは正確な訴訟進行を通知することによって、これらの者の効果的な手続参加の機会を担保している（規則92）。

4　日本における手続参加との比較

日本においても、2007年刑事訴訟法改正によって、被害者の手続参加が認められるようになったが、検察官と被告人との二当事者対立構造を堅持する観点から、被害者は検察官の訴訟活動と相携えて参加する形態がとられており、また被害者は、代理人によらず直接に、被告人等に質問することも可能となった。

既に述べたとおり、ICCにおいては、被害者の参加がむしろ検察官の捜査ないし訴訟追行を阻害するおそれがあるとして検察官が被害者の参加を争うなど、被害者と検察官とが緊張関係にあることが鮮明になっていること、及び被害者は法律上の代理人を通じてでなければ、当事者ないし関係者に対する尋問ないし質問ができないなど、代理人を選任した参加形態が念頭に置かれていることと比べると、きわめて大きな差異がある。

6. 被害者の民事的救済

1 概説

　各国の刑事手続において被害者の民事的救済を図る制度としては、大きく別けて、フランス等において採用されている「附帯私訴制度」（犯罪被害者が、事件の公訴提起に附帯して民事上の損害賠償の請求権の実現を求める制度）と、イギリス・米国・カナダなどコモン・ロー法域で採用されている「損害賠償命令制度」（有罪となった被告人に対して、刑罰として、被害者に対する損害賠償を命じる制度）が挙げられる。前者においては、被害者の提訴が要件となるため、被害者が訴訟手続に参加することが必要となる。他方、後者においては、被告人の更生処分としての側面を持つ刑罰の一貫として賠償命令がなされるため、必ずしも被害者の被害救済としては十分なものである必要はない（支払不可能な額を課すことは、被告人の更生処分として無意味である）[7]。

　ICCにおいて採用された賠償制度は、後述するように、例外的な場合には、被害者の提訴がなくとも職権によっても可能であり、この点では附帯私訴制度とは異なる。他方、被害回復を必ずしも刑罰の枠内で捉えているものではなく、（場合によっては、被告人以外の財産をも拠出して）可及的に被害回復を図ろうとするものであり、損害賠償命令制度とも一線を画す。すなわち、ICCにおける民事的救済制度は、被害者の被害回復に力点を置いた、独自の制度と言えよう。

2 賠償手続

(1) 賠償の原則

　裁判所は、当該事件の被害者（被害者が死亡している場合も含む）に対していかなる賠償を行うかについての原則を確定し、その確定された賠償原則にしたがって、刑事判決を宣告した後に、個々の被害者に対する個別の賠償方法や賠償額を決定し、有罪判決を受けた者に対して賠償命令を発することができる。以上の手続は、被害者からの請求によるのが原則であるが、例外的な場合には、裁判所の職権によって行うことも可能である（75条1項）。先ず、当該事件における賠償原則を定め、その原則に、個々の被害者の被害内容をあてはめて個別の賠償内容を定めることは、できるだけ公平に、関係する被害者に賠償を行うという観点からすれば、当然の規定である。

ここでの賠償命令の内容は、必ずしも金銭賠償に限られず、原状回復、補填、リハビリテーションの措置を含むものであり（75条1項）、裁判所は、賠償命令を発する前に、有罪の判決を受けた者、被害者その他の関係者若しくは関係国又はこれらの代理人に意見を求めることができる（75条3項）。
　賠償命令によって賠償義務を負うのは、原則的には有罪判決を受けた被告人であるが、裁判所は、信託基金によって補償をする決定を下すこともできる（75条2項）。

(2)　被害者による賠償請求
　ICC規程75条1項が定めるとおり、賠償命令は、原則的には、個々の被害者の請求に基づいて行われるものである。被害者が、賠償請求を行うためには、(a)請求者の身元と住所、(b)傷害、損失、損害の内容、(c)事件の起きた場所・日時、可能な範囲で特定した加害者、(d)資産、財産その他の動産の原状回復を求める場合にはその内容、(e)損害賠償の請求、(f)リハビリテーション措置、その他の医療措置を求める場合にはその内容、(g)可能な範囲で特定した証人などを記載した申請書をICC書記局に申請することが必要となる（規則94.1）。

(3)　職権による賠償決定
　賠償命令は裁判所が職権によって行うことも可能であり、この場合、裁判所はICC書記局を通じて、その賠償命令の意図を、賠償の対象となると裁判所が考える、個々の被害者、利害関係者又は利害関係国に通知する（規則95.1）。しかし、このような職権による賠償命令は、あくまで「例外的な状況において」なされる措置であることが、規程上明記されている（75条1項）。
　それゆえ、上記の通知を受けた被害者は、ICCの手続を利用して賠償請求を求めるか否かの意見を提出することとなり、被害者が賠償命令を望まない旨の意見を提出した場合には、裁判所は、その被害者については爾後、賠償命令の手続をとることは許されない（規則95.2）。

3　信託基金制度
　ICCは、有罪判決を受けた被告人に対して賠償命令を行うかわりに、信託基金によって補償を行うことを決定することもできる（75条2項）。特に、ICCが扱

う重大事件においては、被害者が多数にのぼり、賠償金額が著しく高額になることが想定されているため、被害者に対する実質的な補償という観点からは、信託基金制度は極めて有益である。

信託基金は理事会の監督を受けて運営されており、裁判所からは独立している（79条）。同基金の第一の財源は、ICC裁判所が有罪判決を受けた者に対して下した、罰金・没収によって徴収した金員やその他の財産であり、第二の財源は、政府、国際組織、個人等による寄付金である。

4　日本における被害者賠償制度との比較

日本においても、2007年刑事訴訟法改正によって、犯罪被害者による損害賠償請求について刑事手続の成果を利用する制度が創設された。

この制度は、一定の犯罪の被害者等に、刑事被告事件の係属する裁判所に対し、被告人に損害賠償を命ずる旨を申立てることを認め、当該裁判所は、有罪判決宣告後、原則として4回以内の期日において審理を行い、申立てに対する裁判を行うとするものである。すなわち、上記制度とICCにおける被害賠償制度は、非常に似通っており、それゆえICCの被害賠償制度について指摘される問題点（刑事の裁判官が必ずしも民事に精通していない可能性があること、刑事責任の反証に専念すべき弁護人が民事責任を見据えた準備を行わなければならないこと等 [8]）は、日本における新制度においても大きな問題となる。

7. おわりに

2007年は、わが国がICCに加入し、また、わが国の刑事訴訟法において、被害者等の手続参加等を広くみとめる大改正を行った記念すべき年となった。奇しくも、これまでの国際刑事法廷においては、ICCの規程ほどに、被害者保護、被害者の手続参加、そして被害者の民事的救済を広く認めたものはなく、ICC規程は、被害者の権利を広く認める刑事手続として、一つの到達点を示すものと評されている。わが国は、ICC加入にあたって、更に、刑事訴訟法の大改正にあたって、ICCにおける被害者保護手続の取扱い、そしてそこで指摘されている課題については、十分に学んでおく必要があろう。

本稿が、ICC における被害者に関する手続の理解に、少しでも役立てば幸いである[*9]。

◎参考文献（順不同）

- 名取俊他「国際刑事裁判所規程における刑事手続の概要」ジュリスト 1146 号（1998 年）54 頁
- 森下忠「国際刑事訴訟法の論点(2)――被害者と証人の保護、手続への参加」判例時報 1958 号（2007 年）10 頁
- 藤田久一・鈴木五十三・永野貫太郎『戦争と個人の権利』（日本評論社、1999 年）
- 今村嗣夫・鈴木五十三・髙木喜孝『戦後補償法その思想と立法』（明石書店、1999 年）
- 稲角光恵「国際刑事裁判所における被害者の権利保障」法律時報 79 巻 4 号（2007 年）48 頁
- 白木功「『犯罪被害者等の権利利益の保護を図るための刑事訴訟法等の一部を改正する法律』の概要」ジュリスト 1338 号（2007 年）48 頁
- 椎橋隆幸「犯罪被害者等の刑事裁判への参加」ジュリスト 1338 号（2007 年）56 頁
- 奥村正雄「犯罪被害者等の損害回復と損害賠償命令制度」ジュリスト 1338 号（2007 年）63 頁
- 法務総合研究所『犯罪被害者の研究――その成果、問題点、展望――』（法務総合研究所、1984 年）
- 東澤靖「被害者・証人の保護と手続参加」季刊刑事弁護 43 号（2005 年）138 頁
- 東澤靖『国際刑事裁判所　法と実務』（明石書店、2007 年）
- 東澤靖「国際刑事裁判所への加入と日本の法曹の課題」自由と正義 2007 年 8 月号 50 頁
- 一井泰淳「国際刑事裁判所における武器対等原則と被害者の権利」自由と正義 2007 年 8 月号 61 頁
- 中村順英「ICB 拡大理事会・国際刑事法セミナー開催の経緯とその意義」自由と正義 2007 年 8 月号 70 頁
- 日本弁護士連合会『世界に問われる日本の戦後処理 戦争と人権、その法的検討』（東方出版、1993 年）
- 髙橋則夫「被害者関係的刑事司法と回復的司法」法律時報 71 巻 10 号（1999 年）

10頁
- 佐伯仁志「犯罪被害者への被害回復支援について」ジュリスト1302号（2005年）44頁
- Paolina Massidda「Office of Public Counsel for Victims」国際刑事法セミナー（2007年5月19日）配布資料
- Paolina Massidda「The International Criminal Court and the Victims」国際刑事法セミナー（2007年5月19日）配布資料

注

*1 Declaration on Basic Principles of Justice for Victims of Crimes and Abuse of Power(GA RES.40/34, Annex).
*2 Decision on the Application for Participation in the Proceedings of VPRS1,VPRS2,VPRS3,VPRS4,VPRS5,and VPRS6,17 January 2006,Pre-trial Chamber I, Situation in the Democratic Republic of the Congo, ICC-01-04-101.
*3 稲角光恵「国際刑事裁判所における被害者の権利保証」法律時報79巻4号（2007年）50頁。
*4 Paolina Massidda「Office of Public Counsel for Victims」国際刑事法セミナー（2007年5月19日）配布資料。
*5 森下忠「国際刑事訴訟法の論点(2)——被害者と証人の保護、手続への参加」判例時報1958号（2007年）10頁。
*6 Kilpatrick DG & Acierno R: Mental health needs of crime victims : epidemiology and outcomes. J Traumatic Stress 16:119-132(2003).
飛鳥井望「犯罪被害者の精神的ケア」ジュリスト1302号（2005年）53頁。
*7 佐伯仁志「犯罪被害者への被害回復支援について」ジュリスト1302号（2005年）44頁。
*8 前掲参考文献・稲角光恵「国際刑事裁判所における被害者の権利保障」。
*9 本稿の執筆にあたっては、東澤靖弁護士及び一井泰淳弁護士から、資料の提供や貴重なご指導、ご意見を頂いた。

（にしやま・あつし）

第5章
国際刑事裁判所における防御権・弁護権

中村順英

1. はじめに――国際刑事裁判の正統性と弁護権

1　国際刑事裁判所（International Criminal Court：ICC）は、国際社会にとって最も重大な犯罪である「集団殺害犯罪（ジェノサイド）」、「人道に対する犯罪」、「戦争犯罪」および「侵略犯罪」[*1]の4類型の犯罪の実行行為者や指揮命令をなした者を、同裁判所に設置される独立の検察官が、捜査を遂げて、訴追し、同じく独立の裁判官が　国際的に確立した刑事手続に基づいて裁くことを目的とする、常設かつ独立の裁判所である。

戦争や侵略、人道に反する各種の犯罪に対し、国家主権の枠をこえた常設の国際刑事裁判所で裁くべきであるという構想の萌芽は、古くは第1次世界大戦後に生まれ、第2次世界大戦後、ニュルンベルグ国際軍事法廷と極東国際軍事法廷の経験を踏まえて、1949年には、将来の大量虐殺や侵略の発生を抑止する目的で常設の国際法廷を設置する構想が国連で決議されるにいたったが、その実現は東西冷戦構造・主権国家のブロック化のなかで頓挫し、以後長く、日の目を見ないまま放置されてきた。

しかし、1990年代、冷戦構造・東西軍事ブロックの崩壊を受けて、各地で民族紛争が頻発し、旧ユーゴスラビアやアフリカなどでの民族浄化や大量虐殺の

惨状が明らかとなり、国際社会は、その抑止のための新たな手段を模索する必要に迫られた。そのなかで、この議論が再燃し、旧ユーゴスラビアやルワンダの紛争に関する国連安全保障理事会によるアド・ホックな国際刑事法廷（旧ユーゴスラビアについてはICTY、ルワンダについてはICTRと以下略称する）などの経験を経て、この常設の国際刑事裁判所の開設に結実したのである。現在、きわめて限定された犯罪と限定された管轄権しか有さず、アメリカ、ロシアなどが未加盟という跛行的状態にあるとはいえ、国家主権の枠を超えて、常設の国際機関が、直接に個人に対し刑罰権を行使するシステムの始まりという意味では、歴史的な画期ともいいうるものである。

2 しかし、このICCで対象とされる事件は、大量虐殺、民族浄化、集団レイプなど、「国際社会全体の関心ごとである最も重大な犯罪」（ローマ規程前文：外務省訳[*2]）であり、「最もおぞましく、途方もない、想像することすら難しいもの」で、すでに全世界に報道され、国連安保理にも、さまざまな報告書がすでに提出されているものである。捜査・訴追の対象者（被疑者・被告人）[*3]は、その罪質上、被害者およびその所属する社会集団からはもちろんのこと、全世界から嫌悪の対象とされ、彼らに対する敵意と処罰感情はきわめて強い。

また、ICC規程に基づくICC設立の目的自体が、「これらの犯罪を行った者が処罰を免れることを終わらせ、もってそのような犯罪の防止に貢献することを決意し」、「責任ある者に対する刑事裁判権を行使することがすべての国家の責務であることを想起し」（同上）とあるように、基本はこれらの犯罪に対する処罰へ向けた強い圧力と志向にある。なによりも、集団殺人が処罰されないという状況をなくさなければならない、イディ・アミンやピノチェット、モブツらが処罰を免れた時代を終わらせねばならないという強い意思である。

それゆえ、このような裁判においては、本来、刑事司法が有すべき謙抑性は後景に退く恐れが、本質的に内包されている。また、紛争の背景には、政治的な対立や社会集団同士の深刻な憎悪も存在し、これまで主権国家の力関係でことが決せられてきた国際社会で、このような裁判所が、真に独立・公正を維持し、正統性を獲得しうるかについて、懸念が表明されても不思議ではない。所詮は、「勝者の正義」の押し付けに堕するのでないかとの懸念である。

現に、ニュルンベルグ国際軍事法廷、極東国際軍事法廷に対しては、今日、

その政治的・法的正統性について、多くの批判が加えられている。A級戦犯（平和に対する罪）についての政治的な批判（政治的理由により処罰を免れたものがいることに対する批判を含む）だけでなく、罪刑法定主義・事後法の禁止に触れるとの法的な批判も強いことは周知のところだろう。さらに、B級戦犯（交戦法規違反）、C級戦犯（人道に対する罪）とされたものの裁判に関しても、戦勝国民によるこれらの戦争犯罪が裁かれなかったことだけでなく、その裁判自体が、弁護権や適正な通訳を受ける権利も十分に保障されずに、杜撰な伝聞証拠、虚偽の証言や報復的な被害申告が許容され、裁判執行者自身の報復感情などにより、不当な扱いを受けたりし、冤罪も多く含まれたりしたことなどが指摘されており、これらの裁判の公正、正統性には一部から強い疑問が投げかけられている。

3 これらの経緯を踏まえ、旧ユーゴスラビアやルワンダの国際刑事法廷では、その正統性を確保するために、まずは、紛争の一方当事者のみを裁くのでなく、戦争犯罪や人道に反する罪を犯したものは、勝者・敗者にかかわりなく裁くこととされた。その刑事手続は、国際人権基準に合致すべきことが必須であることが認識され、国際自由権規約、ヨーロッパ人権条約にほぼ合致する文言を有する被疑者・被告人の権利が、その諸規定に定められた。無罪推定の原則、公正な裁判を受ける権利などである。

それでもなお、ICTYに訴追されたミロシェビッチ元ユーゴスラビア大統領が批判したごとく、これらが、事後的に、国連安全保障理事会によって設置された法廷であるという問題は未解決であり、彼はこの裁判を茶番として弁護人をつけることすら拒絶したまま死亡した。事後に設立された裁判所が、構成要件を定立しながら、刑罰を科することが、罪刑法定主義との緊張関係を生ずるのは不可避であった。

また、これらのICTY、ICTRの臨時法廷でも、弁護人資格（弁護人の経験と質）のあいまいさ、弁護の独立性保障の不十分性、検察と弁護の圧倒的な予算の不均衡などが問題となり、「武器不対等原則」と揶揄されるなどの批判も生じたが、少なくとも、その刑事手続法規と運用は、従前のニュルンベルグ・極東の両軍事裁判などに比べれば、格段に、捜査・訴追対象者の権利・防御権に配慮したものへと進展したのである。

今般、多国間条約であるローマ規程に、犯罪構成要件、管轄権などが定めら

れることにより、処罰根拠、処罰権限などは、国際法上、明確な根拠を有することとなった。また、後述するとおり、ICC規程は、被疑者・被告人の諸権利、防御権の保障を具体的、明確に定め、諸規則には被疑者・被告人の防御権行使に関する具体的な規定も置かれ、規程21条3項は、「法の適用および解釈は、国際的に認められる人権に適合するものでなければなら」ないことを義務付けている。今後、国際人権規約、ヨーロッパ人権条約などが重要な解釈、運用法規として機能することにより、その手続的な正義の要件も充足されていくことが期待されている。

4 しかし、これらの被疑者・被告人の防御権といえども、資格を持った弁護人による適正な弁護活動によって、これが十分に行使しえなければ、画餅にすぎないことは、国内の刑事手続と同様である。

その意味では、被疑者・被告人の防御権の中核は、能力のある弁護人による適正な弁護を受ける権利（弁護享受権）にあることは論を俟たない。今後、国際刑事裁判所における捜査・訴追・裁判が、「公正な裁判」としての正統性を確保し、国際的な信用をえていくうえでは、「武器対等の原則（equality of arms）」に裏打ちされた弁護権の確立、弁護活動の実質的保障が、その要になるといって過言ではない。

ICC自体も、武器対等の原則は、公正なる裁判と不可分であるとして、理念的にはこれを承認し、そのウェブサイトでも「被告人の権利は検察側と同じである」と、すでに宣言している。

これに対し、ICCは、発足当初から、弁護権の実質的かつ具体的な保障に熱心であったとはいえないことが、現に案件を担当する弁護士などから指摘されている[*4]。たしかに、ICCは、1998年のわずか1月余りのローマ会議において、世界各国のさまざまな政治的思惑の交錯するなかで、各国の外交官や法執行機関などの政府機関や国際機関による妥協の産物であるローマ規程が採択されることによって、設立が決められた経緯があり、ここに世界の刑事弁護人らの声が反映されたものではなかった。

しかし、現在は、ICCみずからも、この法廷で実施される国際刑事裁判が、正統性を持ち、国際社会に受け入れられるためには、弁護権の確立こそが必須の課題であることを強く認識し、これを裁判機能、検察機能と並ぶICCの「第3

の柱」と位置づけるに至っており、弁護活動の実質的保障のため、後述するさまざまな制度、組織を含む具体的諸施策を打ち出しつつあるところである。

以下、これらを、わが国の刑事弁護権保障との異同にも留意しつつ、紹介していくこととする。

2. ICCにおける被疑者・被告人の権利保障と弁護権

1 ローマ規程における弁護権

ローマ規程自体には、わが国の刑事訴訟法とは異なり、弁護人や弁護権に関する独立の章立てや弁護人の権利に関する条項は存しない。弁護人選任権や弁護人の援助を受ける権利、資力なき場合に自ら費用を負担することなく弁護人を付される権利（公的弁護の享受権）は、捜査、裁判を通じて、被疑者・被告人の基本的な権利の一つとして、ローマ規程の55条、67条に明示的に定められているが、ローマ規程自体は、弁護人の権限や弁護権に関する独立の条項を置かず、被疑者・被告人が防御権を有し、その権利を、被疑者・被告人が自ら直接、あるいは弁護人の助言を受けて、または弁護人を通じて行使する規定の形式をとっている。

これは、国際人権規約をはじめ国際人権法自体が、弁護人選任権を「直接にまたは自ら選任する弁護人を通じて防御する権利」の一部としてとらえ、被疑者・被告人の自己弁護権・防御権が根底にあって、被疑者・被告人が自らの選択で、その行使を弁護人に委ね、代理行使させる権利としていることに由来する。その意味では、弁護人は、原理的に、被疑者・被告人の権利を離れての独立の地位、権限は保有していないといえよう。

それゆえ、ICCにおいて弁護人が行使する防御権・弁護権の内容は、基本的に被疑者・被告人の基本的権利・防御権と重なり、ここでは、まず、被疑者・被告人に保障された基本的な権利に関する規定を、基本的解釈規定、実体法、手続法の順に概観することとからはじめる。

2 ローマ規程おける被疑者・被告人の基本的権利保障の概要

(1) 適用法と基本的解釈規定

ローマ規程では、被疑者・被告人の権利に関する規定は、各所に散在するが、

基本的に重要なのは、まず「第2部　管轄権、受理許容性及び適用される法」の末尾の21条3項の適用法の解釈規定である。
　規程21条は、その1項、2項で、「適用される法」が、ICC規程、それに基づくによる犯罪の構成要件に関する文書、手続及び証拠に関する規則、条約、確立された国際法の原則、判例その他などであることを明示したうえで、21条3項に「この条約に規定する法の適用及び解釈は、国際的に認められる人権に適合したものでなければならず、また、第7条3項に定義する性別、年齢、人種、皮膚の色、言語、宗教又は信条、政治的な意見その他の意見、国民的、民族的又は社会的出身、貧富、出生又は他の地位等を理由とする不利な差別をすることなく行われなければならない」と国際人権基準への適合性と差別の禁止を明示し、法の適用、解釈について、自由人権規約やヨーロッパ人権条約、それに基づく国連規約人権委員会やヨーロッパ人権裁判所の確立した先例や判例、その他の人権に関する諸条約などに拘束されるとした。これにより、実体法、手続法を問わず、法の適用や、捜査段階や公判段階でのさまざまな取り扱いや処遇に対し被疑者・被告人が、国際人権基準に違反するとの主張をすることが可能なことが明記されている。

(2)　実体法上の権利（犯罪の成立要件の明示）
　ローマ規程は、その22条から33条までを「第3部　刑法の一般原則」として近代刑事法の基本原則に従った刑法総則的な規定を定め、従前の国際刑事法廷と異なり、犯罪定義の厳格解釈、類推拡大解釈の禁止、被疑者・被告人に有利な解釈の原則（22条）、法なくして刑罰なし（23条）、事後法による処罰の禁止（24条）など、「法なくして犯罪・刑罰なし」という刑事実体法のもつ最大の人権保障機能たる「罪刑法定主義」が明定されている。
　さらに、規程25条は、「個人の刑事責任」として処罰対象が自然人（団体ではないこと）と個人の行為主義原則をうたったうえで、その拡張たる間接正犯、共同正犯、幇助・教唆犯、未遂犯、中止未遂などの処罰要件を明記し、そのうえで、18歳未満の不処罰（26条）、故意犯処罰の原則（30条）、正当防衛・緊急避難や心神喪失などのいわゆる違法性阻却事由と責任阻却事由（31条）、事実の錯誤と法律の錯誤（32条）など、わが国の刑法でもなじみの深い刑法総論的な規定が置かれている。詳論は避けるが、それらは少なくともわが国の刑法

の人権保障機能の水準を上回るものとなっているといえよう*5。

　ただし、刑事責任の消滅時効や出訴期限の制限の排除（28条）、適切な管理をしなかったことや不作為による指揮官その他の上官の刑事責任（29条）、政府内の地位に基づく抗弁の排除（27条）など、これまでの国際刑事法廷で確立されてきた、多くの国内法とは異なる原則も含まれ、政府や上官の命令に従ったことは、きわめて例外的な場合しか刑事責任を阻却しない（33条）と明記して、上官命令などによる期待可能性をめぐる責任阻却の議論などは予め封じられている。

　なお、一事不再理、二重処罰の禁止は、規程20条に明記されている。

(3)　手続法上の権利

　㈦　被疑者・被告人の手続法上の権利については、まず、規程66条1項が、いずれについても「無罪の推定」原則を定め、捜査段階の被疑者については、同55条が、「捜査における被疑者の権利」を、同67条が「被告人の権利」を、それぞれ、具体的に列挙し、包括的に定めている。公判における有罪の立証責任が検察官にあること、裁判所が有罪とするには合理的な疑いを超える心証が必要なことは、規程66条2項、3項が定める。

　さらにこれらの基本的な権利を実質化する手続的な規定は、手続の各段階に従って、裁判所や検察官の義務規定などの形をとって、ローマ規程の各種の手続条項（59条、60条、61条、64条など）や、同規程51条に基づき締約国の3分の2以上の賛成で定められた「手続および証拠の規則」（以下、手続規則ないし単に規則と略称）や、同規程52条により裁判官の絶対多数で定められる「裁判所規則」（以下、裁規と略称）などに、個別的かつ具体的に定められている。

　㈴　被疑者の権利として規程55条が規定するのは、概略、
　　①自白を強制されない権利、
　　②拷問又は残虐な取り扱いを受けない権利、
　　③無料で通訳及び翻訳を受ける権利、
　　④恣意的に逮捕拘禁されない権利、
　　⑤取調べに先立って罪を犯したと信じるにたる合理的な根拠があることを告知される権利、
　　⑥黙秘権（沈黙が不利益に考慮されないこと）、

⑦弁護人選任権、資力を持たない場合に無償で弁護人の選任を受ける権利、
　⑧取調べに弁護人の立会いを受ける権利
などである。

　今日、わが国の刑事司法改革の喫緊の課題とされている「取調べの録音・録画（取調べの可視化）」については、前記の手続証拠の規則112条に明示に定められている*6。

　また、取調べに弁護人の立会いを求める権利が明定されている（規程55条2項d）ということは、身体拘束された被疑者に、「取調べ受忍義務」などが存在しないことは、理の当然として、前提とされている。

　(ウ)　被告人の権利として規程67条が規定するのは、まず、公開・公正・公平な裁判を受ける権利であり、かつ以下の保障を十分に平等に受ける権利を有するとして、同条1項は、(a)から(i)まで9項目にわたり、概略、

　①自己が十分に理解し、かつ、話す言語で、犯罪事実の性質、理由及び内容を速やかにかつ詳細に告げられること、
　②防御の準備のために十分な時間及び便益を与えられ、並びに自ら選任する弁護人と自由かつ内密に連絡を取ること、
　③不当に遅延することなく裁判に付されること、
　④公判に出席すること、および、直接に又は自ら選任する弁護人を通じて防御を行うこと、弁護人がいない場合には弁護人を持つ権利を告げられること及び裁判の利益のために必要な場合には、十分な支払手段を有しないときは自らその費用を負担することなく、裁判所によって弁護人を付されること、
　⑤自己に不利な証人を尋問し、又はこれに対して尋問させること並びに自己に不利な証人と同じ条件で自己のための証人の出席及びこれに対する尋問を求めること。また、防御を行うこと及びこの規程に基づいて許容される他の証拠を提出すること、
　⑥裁判所の公判手続又は裁判所に提示される文書が自己が十分に理解し、かつ、話す言語によらない場合には、有能な通訳の援助及び公正の要件を満たすために必要な翻訳を無償で与えられること、
　⑦証言又は有罪の自白を強要されないこと及び黙秘をすること。この黙秘は、有罪又は無罪の決定において考慮されないこと、

⑧自己の防御において宣誓せずに口頭又は書面によって供述を行うこと、
　⑨自己に挙証責任が転換されず、又は反証の責任が課されないこと、
などを列挙している。
　そして同条2項は、公平な裁判と不可分な「武器対等原則」の実質化のため、「検察官は、この規程に定める他の開示のほか、被告人に対し、できる限り速やかに、自己が保持し、又は管理する証拠であって、当該被告人の無罪を示し若しくは無罪を示すことに資すると信じ若しくは当該被告人の罪を軽減することに資すると信ずるもの又は訴追に係る証拠の信頼性に影響を及ぼし得るものを開示する。本項の規定の適用について疑義がある場合には、裁判所が決定する」として、全面的な証拠開示に関する明解な規定を定めている。

3　日本の刑事手続への影響

　ICCにおける被疑者・被告人の権利保障のうちで、日本の刑事手続との対比で刮目すべきは、「取調べにおける弁護人の立会権」、「取調の録画・録音(可視化)」、「黙秘が不利益に考慮されないこと」、「捜査段階でも資力がなければ公的弁護を受ける権利」、「検察官の全面的証拠開示義務」が明記されている点などであろう。
　ローマ規程の手続法は、英米法と大陸法の折衷の産物ともいわれるように、異なる刑事手続制度と法文化を有する各国の合意による制度であって、今後、刑事手続に関するある種の国際スタンダードに発展しうる可能性を有するものである。ICCは、この各国の合意による手続の枠組みのなかで、国際人権規約やヨーロッパ人権条約にも準拠しながら、「国際社会全体の関心ごとである最も重大な犯罪」(規程前文)を裁いていくのであって、今後、ICCで積み重ねられる実務慣行、判例の集積なども、刑事手続に関する国際スタンダードを形成していく可能性が高く、国内の刑事手続の解釈、運用にも活用することができよう。
　さらに、今般、日本がこの締約国に加わったことによって、捜査対象者・被疑者が、日本に滞在している場合など、ICCの要請により、それらのものが日本の官憲により逮捕、勾留、取調べを受ける場面も想定される(第9部86条以下)。その場合、日本政府は、これらのものに対し、公的弁護人の付与、弁護人の取調べ立会い権の保障など、ローマ規程の定めるすべての権利を保障すべき国際法上の義務を負うこととなる。このことは、限定された場面とはいえ、わが国に、二

重の刑事手続が存在することとなったことを意味し、このことが、今後の立法論を含むわが国の国内刑事手続改革に与える影響は、決して小さくない。

3. ICC における弁護権・武器対等原則の発展

1 弁護人選任権と公的弁護の確立

(1) 「手続と証拠の規則」20、21、22 の制定

ローマ規程自体には、弁護人や弁護権に関する独立の条項がないことはすでに述べた。また、ICC の組織は、裁判官会議、検察局、裁判部、そして書記局の 4 部局をもって発足したが、弁護に関する部局・組織は、後述する「公設弁護士事務所」が、最近になって開設されるまで存在しなかった。

この点につき、この ICC の制度構築にあたって、被疑者・被告人や弁護人の利益は、ほとんど顧慮されなかったからだという批判があるのは既述のとおりである。1998 年のローマ規程成立への交渉過程は、もっぱら政治家、官僚、外交官らによってなされ、弁護人の具体的な権限、それを支える具体的な制度設計は議論されず、規程 55 条、66 条、67 条などに被疑者・被告人の手続上の基本的権利は抽象的に列挙されたのみで、それがどのような仕組みで、どのように具体的に保障されるのかについての具体的制度設計の議論はなされなかったというのである。裁判官や検察官の独立性は議論され、規程に明記（40 条、42 条）され、独立の部局が設けられたが、弁護に関しては規程もなく、独立した部局・組織の創設は認められなかったという[7]。

その後、弁護士・弁護士団体が時間をかけて交渉した結果、2002 年に、ようやく「手続と証拠の規則」20、21、22 という弁護権に関する規則が制定されたが、その具体的運用は、武器対等原則の観点から、いまだ極めて不十分であることが、弁護士らから批判されている。以下、国際刑事裁判所、ICC における弁護制度を概観したうえで、わが国との異同や現在の議論状況などを紹介する。

(2) 規則 20、21、22 における弁護人選任権と公的弁護制度の概要

上記の規則 20、21、22 による弁護人選任権・公的弁護制度の概要は以下のとおりである。

(ア) 規則 20、裁判所書記局による弁護人への便益供与義務

規則 20 は、「被告人の権利に関連する書記官の責任」として、①弁護人に対する、支援、援助、情報提供や専門捜査官を提供すること、②弁護人と被疑者・被告人との秘密交通権の確保、③被疑者・被告人に対し法的助言や弁護人の援助を得られるよう支援すること、④弁護側の義務の履行に必要な便宜供与、⑤ICC の情報と判例法についての情報提供、⑥国内の弁護人と弁護士会、あるいは他の独立の弁護士団体などと協力してのローマ規程と「手続と証拠の規則」に関する訓練の推進など、主として、いわば ICC がなすべき被告人・弁護人への便宜、便益の供与を定める。

　(イ)　規則 21、公的弁護・法律扶助

　規則 21 は、「法的援助の任命」として、①被疑者・被告人の公的弁護人、法的援助を任命するための基準と手続を独立の弁護士代表団体らと協議して定めるべきこと、②適切な資格を持った弁護人の名簿を作成・保存すること、③被疑者・被告人は、この名簿または基準に適合しこの名簿に登載を希望する他の弁護士のなかから自分の弁護人を自由に選ぶことができることと、その弁護人の任命が拒絶された場合の不服申し立て方法、④「自分を自分自身が代表することを選ぶ者」、弁護人選任権を放棄し、自己弁護を希望するものは、その旨を「書面」で書記官に届け出ることなど、公的弁護を受けるためのルールを定める。

　(ウ)　規則 22、弁護人の資格と行為規範、

　規則 22 は、「被疑者・被告人ための弁護人の任命と資格」として、①弁護人は、国際法または刑法と刑事手続に通暁し、かつ、刑事訴訟手続において、裁判官、検察官、弁護士または類似の他の資格で必要な経験（現在は 10 年以上とされている）を有すること、および、ICC の作業言語（現在は英仏語）の 1 つが、流暢に扱えなくてはならないとの弁護人たるうえでの資格要件[*8]、②弁護人は、関連分野の専門知識を持つ、他の者の援助を得ることができること、③私選弁護人として活動するものは、速やかに委任状を提出すべきこと、④弁護人は、「ICC 規程」、「手続と証拠の規則」、「ICC 裁判所規則」および、「弁護人の専門家行為規範」[*9]、その他の ICC が採択した文書にしたがうべきこと、などが定められている。専門家行為規範は、規則 8 に基づき、2005 年の第 4 回締約国会合で採択された。

2 ICCにおける弁護権の特徴とわが国との異同

(1) ICC書記局による便益供与義務など

　前項で確認したICCにおける弁護権の概要のうち、わが国の制度と比較して、決定的に異なり、刮目すべきは、第一に、公的弁護人に対し、情報提供、専門捜査官の提供などを含む、広範な援助、便益供与の仕組み（規則20）が明定され、ICCはこの履行のため後述する「弁護のための公設弁護士事務所（Office of Public Counsel for the Defence：OPCD）」（裁規77）を、すでに設置していることであろう。これらの便宜供与が、武器対等原則の見地から、具体的にどこまで実現できているかについては、現在も、その不十分さが、多くの弁護士らからの批判の対象とされている点であるが、かかる制度の存在自体、わが国とは決定的に異なっている。

　わが国の刑事司法改革の議論のなかでも、被疑者国選制度の導入に際し、公的機関ないし弁護士会が関与する「刑事公設事務所」を設け、単に国選弁護に量的に対応するだけでなく、情報提供、研修その他場合によっては個別の案件の具体的支援などの国選弁護の質的向上の機能を持たせることなども検討された[*10]が、現在の日本司法支援センターには、弁護のための情報提供や実質的な弁護支援などの機能はない。弁護の保障が、形式的に弁護人を付することではなく、適正な弁護を保障することにかんがみて、実質的な武器対等原則をわが国において実現していくうえで、このような機能、役割を果たす「弁護のための公設弁護士事務所」についても、あらためて、検討の俎上に乗せる必要がある。

(2) 自己弁護の権利（弁護享受権放棄の許容・必要的弁護制度の不存在）

　第二は、被疑者・被告人の自己決定権の尊重である。この点は、国際人権法が、弁護権を「直接にまたは自ら選任する弁護人を通じて、防御する権利」としてとらえ、元来、被疑者・被告人は、公判などに自ら出席し、自らを直接弁護する根源的な権利を有するのであって、弁護人は、被疑者・被告人の選択によってその権利を代理行使する存在であるととらえていることに由来する。被疑者・被告人には、その意思に反して、弁護人を司法機関から強制されるいわれはないとの前提に立っている。

　著名なのは、旧ユーゴスラビア国際刑事法廷（ICTY）で弁護人を拒否したミロシェヴィッチの振る舞いであった。これに関し、公正な裁判、司法の利益のた

めには、公的弁護人を本人の意に反してでも付与すべきとの考えも主張されたが、ICTY 上訴裁判部は、「自己弁護の権利に対する制限は迅速な裁判の保障という司法の利益のための必要最小限度のものに限定される」としてミロシェビッチの弁護人抜きの自己弁護の権利主張を許容した [11]。

この論点も、本来、わが国の公的弁護の制度設計などにおいても十分に吟味されるべき論点である。現在のわが国の法制では、被疑者段階の国選弁護人選任については、被疑者の請求、選択にかからしめながら、公判段階においては長期3年以上の懲役、禁錮にあたる必要的弁護事件については、被疑者・被告人の意思にかかわらず、職権で国選弁護人を強制し（刑訴法289条2項、3項）、事実上法廷での自己弁護を制約する仕組みとなっているが、弁護権の本質論からの原理的整合性を欠いているともいえよう。

(3) 被疑者・被告人による公的弁護人の選択権

さらに、ICC における被疑者・被告人の公的弁護人の指名権、選択権の保障は、被疑者・被告人の自己決定権や、弁護の本質を被疑者・被告人と弁護人の信頼関係におくべきか否かという原理的な問題だけでなく、弁護権の公的弁護の運営主体からの独立、被疑者・被告人の弁護享受権の制度的保障という意味においても、きわめて重要であり、わが国の公的弁護制度の今後の改革、運用にとっても、きわめて示唆に富むものである。

すなわち、国際的な処罰圧力が強く、重大犯罪とされる ICC の係属案件については、ICC 書記局が、公的弁護人の実質的な選択権を有することは、それだけで、弁護の独立、裁判の公正に疑念を抱かせることとなりかねず、仮にもそこで恣意的な選択が行われれば、それは、被疑者・被告人の実質的な弁護を受ける権利の侵害に直結するからである。それゆえ、後述する ICB（国際刑事弁護士会）も、被疑者・被告人の弁護人選択の自由を武器対等原則と並ぶ重要な被疑者・被告人の権利と位置づけている [12]。

公的弁護は、いかような仕組みをとるにせよ、公費で賄われる以上、公費の支出主体、管理運営主体と個々の弁護人の関係、すなわち、公費の支出主体からの弁護活動の独立性の保障が問題となる。わが国でも、「日本司法支援センター（法テラス）」が、法務省傘下の独立行政法人であることをめぐって、さまざまな議論がなされてきたところであるが、そこで最大の問題とされるのは、恣意的な配

点や選任のなされるおそれである。しかし、最終的に個々の被疑者・被告人に、弁護人の選択・指名の権利が実質的に保障されるならば、登録名簿が公正なものである限り、管理運営主体がいかなるものであれ、この意味での弁護の独立の侵害のおそれは、払拭される。

　この点についてはイギリスでは、この10数年で、公的弁護（刑事法律扶助）の管理運営主体が、めまぐるしく変化したが、「被疑者・被告人が弁護人を自分で選択するという仕組み」が、公的弁護制度の信頼性を支えている。アメリカでも「弁護人選択権の確立は、国のコントロールから弁護人の独立を保障するうえでも重要である」との連邦刑事弁護改革委員会の勧告がなされている[13]。また、ヨーロッパ人権裁判所においても「弁護人選択権については、絶対的な権利として保障されるにはいたっていないが、一定程度被疑者・被告人の希望を考慮する判断がなされている」[14]ことも報告されている。

　今後、ICCの判例、実務慣行やヨーロッパ人権裁判所の判断が、国際刑事手続における国際人権法のグローバルスタンダードを形成していくなかで、被疑者・被告人の公的弁護人選任についての選択権も、その権利性が明確になっていくものと思われ、わが国の国選弁護の運用においても、早急にこの方向が追求されるべきものと考える。

3　弁護のための公設弁護士事務所の開設とその機能

　(1)　ICCは、2004年5月に採択された「裁判所規則77」において、弁護のための公設弁護士事務所（略称OPCD）の設置を決め、OPCDは、2006年4月から活動を開始した。現在、5人のスタッフ（所長弁護士、補助弁護士1名、ケース・マネージャー1名、法律アシスタント1名及びインターン1名）が、管理アシスタント（弁護士）から支援を受けて業務を行っている[15]。

　捜査の初期段階における緊急時の被疑者の権利の保護と弁護人及び法的援助を受けるべき者に対する法律調査・法的助言の提供などの支援を目的とし、組織としてはICC書記局に所属しているが、事務所運営と所属弁護士らの活動については、書記局からの完全な独立が保障された事務所である（裁規77、2項）。

　裁判所規則76は、裁判所は、OPCDから弁護人を選任することができると定めているが、現在は、人的物的資源も限定され、現実に法廷で弁護を行う弁護人を供給するにはいたっていない。もっぱら、被疑者・被告人、弁護人、弁護

団に対して支援を行う。多様なリサーチ、情報提供、助言などの業務を行っている。

　すでに裁判所規則20に関連して述べたように、裁判所書記は、弁護権の向上のために弁護士に各種の便宜を提供することとされているが、この OPCD が、調査、情報提供、助言などの場面で一定の便宜供与機能を果たすことになる。

　(2)　捜査の初期段階の緊急時とは、「証拠と手続規則47」の事態が想定されている。これは、わが国の刑訴法上の証拠保全手続類似の手続である。重要な証言が、時期を失すれば採取不能となるおそれが高いと検察官が判断した場合、予審裁判部に必要な措置を求めることができ、この場合、被疑者・被告人の権利保護のため、緊急に証言採取に同席する弁護人を任命すべきことがあるが、OPCD はこれに対応することがある。

　(3)　OPCD はまた、指定を受けて、書記局規則29に従って、被疑者・被告人と弁護人との間の紛争に仲裁役として関与することができる。その場合 ICC の定める職業倫理である専門家行為規範を遵守することが、基本となる。

　ただ、OPCD は、あくまでも行政的には裁判所書記局の傘下にあるというパラドックスがあり、OPCD は独立ではない、独立が保障されていないから、被疑者・被告人と弁護人との紛争に関与するのは適切でないとの批判があるが、実際は、書記局、裁判部の介入はなく、独立した組織として適切に運営されていると、初代の OPCD 所長のザビエル・ジャン・ケイタは述べている[16]。

　彼は、予審裁判部が、コンゴのルバンガ事件において、弁護人不在の状態で、OPCD に対し、弁護人として一定の行動をとるべきことを求めてきたことがあったが、それを拒絶した例をひいて、OPCD が、ルバンガ氏の選ぶ弁護士の代わりに重要な行為をすることは、OPCD の独立性が損なわれることになるという。自分たちは、ルバンガ氏の選ぶ弁護人が、事情があって不在になった際に、急遽その代わりをつとめるような行為は、弁護の独立の自損行為だというのである[17]。

　この点は、わが国の日本司法支援センターのいわゆる常勤弁護士・スタッフ弁護士の今後のありかたにも関連し、興味深いところである。いわゆる特別案件、荒れる法廷などの関連で、弁護人不在の状態が生じた場合など、裁判所や法執行機関が、安易に、その傘下の公設事務所所属の弁護士を公的弁護人に選任することは、弁護権の独立の重大な侵害になるという議論は、今後、わが国でも、

被疑者・被告人の公的弁護人の選択権との関係などからも深められねばならない。

4. ICCにおける武器対等原則についての議論状況

1 武器対等に関するICCの到達水準

(1) ICCの規程そのものに、「武器対等」(equality of arms) という言語はない。また、国際人権規約、ヨーロッパ人権条約なども、直接に「武器対等の原則」なる言語を使っているわけではない。にもかかわらず、この原則は、国際人権法が保障する「公正な裁判を受ける権利」実現のための中核的な原則として、ICTY、ICTR、ヨーロッパ人権裁判所などの法廷でも、国連人権委員会などでも、あまねく承認されてきた。いわく「武器対等の原則こそが、公正なる裁判の一つの条件である」[18]、「武器対等の原則こそが、公正なる裁判という概念の重要な要素である」[19] などとされ、これらの法廷において実行され、ICCでも2006年9月ルバンガ事件予審において「武器対等の原則というのは、公正なる裁判と不可分である」と判示され、承認された原則となっている。

(2) しかし、この原則の意味するところは必ずしも一義的ではない。

ヨーロッパ人権裁判所は、武器対等原則の中心は、手続において、当事者に対して平等なる機会を与えることにあるとし、日弁連国際刑事セミナーにおいて、ICCの宋相現（ソン・サンヒュン）判事（韓国出身）も、「当事者に平等な機会を与え、本人または弁護人を通じて、裁判所において、自らの状況を合理的に申し述べる機会を与えること」と定義付けたうえで、人が、逮捕、拘禁されるときから、捜査、公判、さらには上訴審を通じて、当事者間において、全手続を通して一貫してこのバランスが維持される必要があるということだ」と述べた[20]。

このような対等は、形式的対等にすぎず、実質的な対等が保障されなければ、実質的に自己の立場を述べることも困難になるとの批判があるが、同判事は、概略、「公正な裁判、武器対等の原則から、具体的に、何が要求されるのかは、その刑事管轄権の刑事手続の一般的な体制により左右される。その目標は同じであっても、目標をどう達成するのかという方法論は、国内、国際のさまざまな刑事管轄権によって一つではなく、それぞれ違いが出てきうる。とするならば、ICCに

おいて、どういう方法で、裁判の公正を実践するかというのは、ローマ規程および関連する諸規則の手続枠組みを分析するなかから、導くほかはない。」として、ICC の手続的な枠組みを、公正なる裁判と武器対等の原則を擁護する形で解釈、運用していくことが肝要であり、ICC の手続的な枠組みと公正な裁判と武器対等の原則は、相互依存の関係にあるとの見解を示した[21]。

これは、武器対等の原則について、弁護側の証拠入手が困難な国際法廷においては、国内法廷よりも、よりリベラルに解釈しなければならないとして「裁判所は、事件遂行の援助を求める当事者の請求を受けた場合、規程と規則によって付与可能なすべての実質的な便宜を与えるべきである」[22] と判示した ICTY 控訴部のタディック事件の考えに符合するが、同時に、同判事は、後述する実質的な対等には、資源 (resorces) の対等が必要だとの見解に対しては、デリケートな問題であるとはしつつも、ICC、特に上訴部の現時点での見解は、「武器対等は、必ずしも、資源の平等を意味するものではない」との見解であることも明言している[23]。

2 実質的な武器対等・資源の平等を求める声

(1) 上記の見解に対しては、当然ながら、弁護士の側から、武器対等は、単なる抱負や理想、目的ではなく、具体的に実践されるべき最低保障基準であるという批判がある。武器対等という美しい言葉や原則を承認することだけで、これが実現するわけではなく、単なる解釈基準という以上に、武器対等は、弁護側と検察側に等しい資源 (resources) を保障することによってのみ実現されるという議論である。

ここでいう「資源」とは、弁護団の人数、弁護士の資格、経験、適切な捜査をするための十分な時間、準備の時間、情報、証拠収集への便宜、証拠の開示、報酬など一切を含むものであるが、最終的には、弁護団に配分される予算の比重が大きい。

国内における刑事手続においても、検察は、国家の力を背景に強力な証拠収集力を持つのと同様、国際刑事裁判においても、ICC 検察局は、締約国の協力をえて膨大な労力と時間を使って、証拠収集にあたる。そして、規程48条2項は、検察官およびその補助者に、外交官と同一の特権および免責を保障している。

それに対し、まず、弁護側は、犯罪実行地である現地調査すらままならないというハンディを負っており、かつ、現地の政府との関係でも、なんらの免責も特権

も付与されていないことの不平等が指摘される。事実関係の捜査や検察の捜査に対し再調査を行うという際には、調査の困難性を克服するため、検察側と全く同じような武器を享受し、基本的には、検察と同様の人的な、財政的なリソースが、保障されねばならないという主張には、説得力はある。

しかし、一方で、検察官の任務は弁護人より幅広く、かつ、合理的疑いを超える程度の立証責任を負い、証拠を弁護側に開示する義務を負うのに対し、被告人はそのような立証責任や義務を負わないのであるから、武器の対等とは、弁護側と検察側が、とりわけ予算という資源における完全な平等を意味するものではないという資源の平等論に対する原理的な批判もある。

(2) これらの議論は、これまで、先行するICTY、ICTRで闘わされてきた。これらの法廷では、検察側予算と弁護側予算の著しい不均衡や弁護人の数、質、経験などが問題となり、しばしば「武器不対等原則」などとも揶揄もされてきた。具体的に問題となったのは、捜査から公判への移行の際の嫌疑確認手続での起訴状の記載内容の特定の程度、証拠開示の程度、防御準備のための十分な時間と便益の提供の程度などであった。

防御準備のための便益については、これらの法廷は消極的で、ICTY上訴審では、武器対等原則が、両当事者が物理的に同等の資源（resources）をもつことを意味するものではなく、裁判所において同等の取り扱いを受けることを意味するにすぎないと判示し、予算や資源の平等を含まないことが先例として、確認されてしまった[*24]。宋（ソン）判事の紹介するICCの前記の見解も、基本的にこの立場に立つものではある。

(3) ICCは、これらの批判をも考慮して、武器対等への配慮を強め、前記のとおり、書記局に支援、情報提供、専門捜査官の提供などのほか弁護人の任務遂行のための便益供与を手続規則20などに定めてきてはいるが、主として圧倒的な予算の不均衡に起因して、以下のような問題が生じていることが、弁護人らから指摘されている。

①まず、被疑者段階（予審・嫌疑確認手続）において、ICCの法律扶助制度では、被疑者に弁護のための公選弁護士1名（例外的に補助弁護士1名付加）とアシスタント1名をつけることしか認めていないことである。検察側は、常に4名の経

験豊富な検事が担当し、バックオフィスのスタッフの十分な人的資源が与えられていることに比し、人的資源が不平等であるという点である。

ルバンガ事件では、被害者から74件の参加申立があり、弁護側は、各申立について調査を行い、意見を述べる必要があったにもかかわらず、弁護のための公選弁護士とアシスタントの作業に対して、ICCから有効な支援は何も為されなかったことなどが報告されている。

②証人との接触の困難性と通訳・翻訳の不備など

現地調査や証人との連絡、通訳などが不備であり、弁護人の母国語への翻訳も困難であり、予審では無罪を証明するための検察側証拠の開示も十分でない。

③訴状の記載、訴因が不特定であり、かつ、対象が新しく、複雑で判例も情報も乏しいにもかかわらず、準備のための十分な時間が与えられない

④公的弁護人は、事前に雇用形態、収入を知ることなくして任命され、一定した収入が約束されておらず、一定割合の支払いがチェックのため遅延する。

⑤弁護のための公設弁護士事務所の援助の不足

弁護のための公設弁護士事務所（OPCD）が、支援のため設けられたが、そこへの人的物的資源充当がきわめて不十分であり、支援が実質化しない。

(4)　この問題に対し、OPCD所長のザビエル・ジャン・ケイタは、「武器対等原則（'equality of arms'）から、良質な武器（'quality of arms'）へ」と題して、大略、

「OPCDが設置された目的は、武器対等原則の実現にあるが、OPCDが、いま、検察との完全な武器対等を望んだり、要求しても、実現が困難であることは明白である。検察側は、何年にもわたる捜査を行っており、事件の知識、時間的な面で圧倒的に有利であるし、人的・金銭的な資源も無制限といってよいほど持ち合わせている。したがって、OPCDでは、現実的には『良質な武器（'quality of arms'）』を目指すほかない。

では、良質な武器（'quality of arms'）の内実とはなにか？　従前の特別法廷、特にICTY上訴審は、武器対等原則が、両当事者が物理的に同等の資源をもつことを意味するものではなく、裁判所において同等の取り扱いを受けることを意味するにすぎないと判示してしまった。特別法廷において、資源の平等を主張したことが、予算や資源の平等を含まないことを確認する結果となり、裏目に出たように

思われる。

　われわれは、ICCにおいては、武器対等原則は公平な裁判所から単純に導かれるとの考えをとることは難しいと考えている。2004年の弁護人向けセミナーで、ICCのブルーノ・カターラ書記局長が述べた『武器対等原則は非常に複雑な問題であって、単純な算術的な平等とすることはできない』との考え方に賛成せざるをえない。

　検察局と同一の資源をもつことを希望することは非現実的であるが、検察局と弁護側が、申立の提出や反論、証拠の分析、弁論への出席、書面の提出や反対尋問など同様の仕事をしていることは事実であり、このような場面で、弁護側が、検察側と同様の資源、特に人的資源を持たない場合には、（良質な武器にもいたらず）、被疑者・被告人の権利が害されることになる。」
との見解を述べている[*25]。

　基本的には、この考えに立って、弁護のための公設弁護士事務所は、2007年3月2日、「もし、検察側と弁護側が同じ機能を果たす責任があるならば、つまり、被害者の申請に対応し、証拠を見て、また審判に出席し、準備書面を作って証人を尋問するのであるならば、被告人に対しても同じような資源を検察同様に与えない限り、武器対等の原則は手続として確立できず、公正な裁判が被告人に対して保障されない」という声明を発している[*26]。

　基本的には、予算の面での単純な数量的な資源の平等は、理想ではあるが、現実的でなく、個別具体的な場面における具体的な資源配分の対等としてとらえ直し、弁護側に良質な武器を付与し、個別の場面での実質的な武器対等をはかろうという志向である。

(5)　ICC書記局も、そのような予算を含む資源の平等を、「完全なリソースの平等は、理想であります。しかし、われわれは裁判所としてはもちろん、そういった理想は掲げていても、現実的に考えますと、その理想を、実現するには時間が必要なのです」「裁判所というのは幾つかの財政的な負担を抱えている……弁護側への書記局を通じてのリソースの提供も、締約国に対していろんなその財政的な報告をしなくてはいけない」[*27]という発言をしており、理念としてまで否定はしていない。

　また、ICCは、弁護のための公設弁護士事務所（OPCD）は、弁護側と検察

側にあるアンバランスを解消するためのものであることを繰り返し述べており、今後、漸進的にではあれ、このOPCDの機能の強化、予算配分の増加などを通じ、弁護権の強化、弁護団への便益供与などが図られていくものと思われる。

　国連安保理事会によるレバノン特別法廷に関して、国際弁護士協会（IBA）は、その規程に、独立した弁護のための事務所を設けるべきとの提案をなし、2006年の秋、国連も、検察官と対等な立場の弁護のための独立した組織の必要性を承認するところまで進展した。ICCも今後、「独立した弁護のための事務所」を強化し、実質的な武器対等の実現の方途が探られていくものと思われる。

5.　国際刑事弁護士会（ICB）の果たす役割と課題

1　ICBとはなにか。

　ローマ規程それ自体には、ICCで活動する弁護士（被害者のための法律上の代理人を含む）の資格や地位、権限についてなんらの規定もなく、組織的にも、裁判部、検察局、さらには書記局がICCを構成する三組織として位置づけられているが、弁護の担当部局や独立した弁護士組織についての定めがない。この点が弁護権の軽視との批判を受けたことはすでに述べた。そこで、弁護士の独立性を保持し、裁判部、検察局に並ぶICCの「第三の柱」として、弁護士の地位、権限を確立し、ICCの運営の基本事項を決定する締約国会合に影響力を行使していくためには、個々の案件を担当する弁護士の力だけでは決定的に不十分であり、世界各国、各種の弁護士団体や法律家を広く結集した国際的な刑事弁護士組織の形成が不可欠であることが認識されてきた。

　この問題意識のもとに、各国、各地の弁護士会や法律家が、2002年6月にカナダのモントリオールに集ってICCに対応する単一の「弁護士会」を創設することを目的として[28]設立されたのが、「国際刑事弁護士会（INTERNATIONAL CRIMINAL BAR：ICB）」である。ICB設立にいたる弁護士側の動きは、ICCの書記局、締約国会議にも影響を与え、2002年9月に制定された「手続及び証拠規則」では、専門家行為規範の制定、法律扶助の実施、弁護士の研修などにおいて、ICC書記局は、国内及び国際的な弁護士会と協議すべきことが、定められるにいたった（規則8、20）。

　ICBは、これらの規則の制定を踏まえ、現在、「弁護士が、ICCの前で、全

面的に独立して弁護実践を行えることを確立し、弁護士倫理、法律扶助や弁護人のトレーニングなど、弁護の独立性に影響を及ぼす課題に対し、統一的かつ強く発言し、犠牲者と被告人に公正な裁判を保障するという本質的な基本原則を守りぬく」[*29] ことを目的として、世界各国のナショナル・バーや地域の弁護士会その他の弁護士団体および多くの学者や弁護士個人会員によって組織され、これまで専門家行為規範、法的援助ならびに弁護士の研修に関する意見などをICCに対して提出し、自らも国際刑事裁判所に関わる弁護士の独自の研修活動を行っている。

日弁連は、ICBの最初の準備会合から参加し、創立とともに団体加盟している。

2 弁護権確立へ向けたICBの役割

(1) ICBのICCにおける位置づけ

国際刑事裁判所の活動は、始まったばかりであり、今後、そこでの裁判が法的な正統性を確立しうるためには、「裁判」、「検察」とならんで、スタート時には、積み残された「弁護」が、その「第三の柱」として、位置づけられるに関わることは、すでに述べたとおりである。ICBは、ICCにおけるこの「第三の柱」を確立するための基礎となる不可欠の組織と自らを位置づけている。

現在までのところ、規則8、20に基づく協議や、専門家行為規範による弁護士に対する懲戒手続などにおいては、ICBに所属する弁護士がその中心的な役割を担っているが、ICBそれ自体が、正規にICCから組織的に公認された協議交渉団体、懲戒委員らの輩出団体として位置づけられるにはいたっていない。その背景には、現在のICBが、いまだ国際社会・締約国全体の弁護士総体を代表するほどには組織的に確立していないことと、法務官僚の一部に独立したICBの組織強化やその公的な承認については、コストやスピードの面から、ICCの処罰機能を弱体化させるのではないかとの懸念があることに起因すると思われる。

しかし、弁護士の自治と独立を保持し、統一した利益を、ICCやその背後の締約国会議に強く迫っていくには、世界各国の弁護士制度やナショナル・バーの違いなどの課題はあるものの、すでに多くのナショナル・バーが参加する「ICB」を軸とした弁護士の自治と独立のための弁護士組織を、ICCの組織上も正規に承認された「第三の柱」たる弁護士の国際組織として認めさせていくことが不可欠であることはいうまでもない。

この点につき、ICBの前共同代表の一人であるエリゼ・グロウ弁護士（カナダ）は、「ICCは、1994年の議論の開始から、集団殺害犯罪（ジェノサイド）を犯した者は必ず処罰されなければならないという国際世論の急速な高まりのなかで、1998年にはローマ規程が採択され、2003年には発効するという予想をこえた速いスピードで設立されたため、世界の法律実務家たちは、ICC設立の動きに十分ついていくことができなかったが、2002年のICBの設立により、重要な動きが始まった。ICBが、その役割を明確化し、十分な資源を蓄え、組織的にも正当性を確立することによって、未だ初期の段階にあるICCの正統性が認められるのであって、これは、相互に関連した問題である」と述べている[*30]。

(2)　武器対等の実現に向けてICBが果たす役割
(ア)　武器対等に向けてICBが果たすべき役割と課題について、前記のICB前共同代表のエリゼ・グロウは以下の3点をあげる[*31]。
①個々の事件と弁護団への具体的支援
　ICBは、個々の事件の弁護団のために、具体的な支援を行う。弁護士の国際的ネットワークを確保し、トレーニング、（人材、金銭などの）資源の提供、情報提供などをなす必要がある。検察側は、弁護側をはるかに上回る組織をもっており、組織的な支援は極めて重要である。
②公正な裁判手続実現に向けた政策的取り組み
　弁護人選任権などの公正な裁判に関わる重要課題について、個別の事件での個々の対応をこえて、一般的な規則、政策の問題として取り組み、とりあげていく必要がある。弁護人選択権の完全な確立なども個々の裁判から離れて、組織として政策の問題として取り上げる必要がある。
③独立した法律専門家集団組織としてのICBの確立
　ICBは、ICCの第3の柱として、裁判官、検察官の組織との、組織としての対等性を獲得する必要がある。組織の独立があって初めて、上記①②の課題も権威を持って効果的に実行することができる。ICBは、第三の柱の基礎となるべく設立された組織であり、ICBの正当性の確立は、ICCの正当性の確立のためにも必須である。
(イ)　グロウのいうこの3点は、有機的に深い関連がある。国内の多くの刑事手続同様、個々の法廷での個々の弁護人の奮闘のみによる問題解決にはおのずと限

界があり、その意味で、弁護士の立場にたった強い組織による一般的な政策実現のための交渉は不可欠である。制度的課題の実現には、組織の強化が必須である。しかし、この組織強化は、単にICB自身の組織の強化を自己目的にしたり、弁護士のギルド的な利益の実現のみに拘泥するものであってはならない。あくまでも、具体的事件での武器対等原則の実現を通じて、公正な裁判を実現するためのものでなければならないということである。

独立したICBの組織強化やその公的な承認について、ICCの処罰機能を弱体化させるのではないかといった謬論は、ICB自身も、その役割と組織原則をより一層明確化することによって、国際刑事裁判が、「法の支配」を貫徹した公正な裁判として許容されるため、ICBが、不可欠の装置であることの国際的な理解を広めることによって払拭していく必要があるだろう。

6. おわりに

ICCにおいては、すでに締約国の付託によってコンゴ、ウガンダ、中央アフリカの3か国の事態の捜査が開始されており、2007年には、コンゴのルバンガ事件の公判開始が決定された。ICCに否定的な態度をとってきたアメリカも世論に押され、ICCに前向きの姿勢をとり始め、その賛同のもとに国連安全保障理事会は、「スーダンのダルフール地方の事態」をICCに付託した。

ICCは、1994年の国連での公式の議論の開始から、1998年のローマ規程の採択、2002年の効力発生と極めて速いスピードで設立されたため、世界の弁護士など法律実務家の意識が、それに追いついていないという現実も率直に認めざるをえないだろう。

しかし、国際刑事裁判所は、国際社会における不可欠の司法機関としてすでに確実に動き始めており、アメリカなどの強い反対にもかかわらず、異例とも言えるスピードで事態は進展し、数多くのNGOや政府、市民によって支持されている。このようなスピードでの進展自体、とりわけ9・11事件以降、国際法をも無視して力や軍事力で問題解決をはかろうとする現下の国際社会に対し、国家主権の枠をこえて、法の支配の確立を求める広範な国々や市民の普遍的な支持と期待が凝縮した結果ともいえるのではなかろうか。とするならば、国際刑事裁判所に課された歴史的任務はきわめて重大であり、失敗は許されない。その失敗は、そのまま

国際社会における力の支配から、法の支配への転換の流れを挫折させ、歴史の歯車を逆回転させることに直結しかねないからだ。

その意味では、直接にICCに関与する法律実務家は勿論、わが国の弁護士を含む世界の法律実務家にも、貴重な機会が与えられているとともに、大きな責任が課されているといえよう。ICCでの実務、とりわけ全世界からの憎悪の対象である被疑者・被告人の防御権がどのように推移し、はたしてそれが国際社会における新たなる正義といいうるものになるのか、ICCが、歴史的に正当性が承認される真に公平・公正な司法機関となりうるかについて、直接に関与できる資格を持っているだけでなく、ICBなどの国際的な法曹団体や各国の弁護士会などを通じ、影響力を行使しうる立場にいるからである。

国際刑事裁判所では、直接の弁護実務だけでなく、裁判部、検察局そして書記局においてもすでに弁護士出身の法律実務家も活動している。また、ICCで弁護実践を行う登録弁護士は、すべての国の弁護士資格者に対して開かれており、日本からもすでに一人が登録済みである[*32]。国際社会に法の支配を求める強い世論に法律実務家が、必ずしも追いついていないといわれる現状は、逆に、わが国の若い弁護士にとっても、新しい職域、歴史の歯車にコミットする大きなチャンスともいえよう。また、直接にICCの法廷の現場に立たなくても、そこでの活動に対しICBや日弁連などの弁護士団体を通じて、各国の法律実務家が専門的な貢献をしていくことも可能である。

また、ICCには、今後、各国の法律実務家の叡智が結集されていくことが期待されており、世界中の経験を集めた制度や弁護実務の集積は、それぞれの国内の法制度や弁護実務にも影響を与えてゆくことは必定である。国際刑事裁判所は、刑事弁護に関わる世界中の法律実務家が、国境と言語を超えて知識と経験を共有し、それを各国にフィードバックする装置となる可能性をはらんでいる。その意味では、わが国の弁護士にとっても、新たなる職域、大いなる活動の場が提供されているのであって、日弁連などにおいても、これをより積極的に位置づけ、今後、ICCで活動する日本の弁護士を輩出するための方策などを早急に検討していくべきであろう。

注

*1 ただし、「侵略犯罪」については、現在のローマ規程上は、その定義、管轄権行使の条件が定められておらず、今後の締約国会合においてこれが採択されてから適用可能になるとされている（ローマ規程5条2項）。

*2 以下、ローマ規程については、原則として外務省訳を用い、規則関係についてはICC研究会訳などを適宜用いる。

*3 ICCの手続には、予審（捜査）手続、嫌疑確認手続、裁判手続の3段階があるが、以後、本稿では、原則として嫌疑確認手続段階までの対象者を「被疑者」、裁判手続段階の対象者を「被告人」と呼ぶこととする。

*4 2007年5月19日開催の国際刑事法セミナーにおけるダニエル・アルシャック弁護士らの発言など。

*5 規程25条3項eは、集団殺害犯罪（ジェノサイド）についてのみ、その実行行為の存否にかかわらず、その公然たる扇動行為が、独立の処罰対象行為となるが、それは先行するジェノサイド条約に由来する。それ以外の、共同正犯、共犯、未遂犯、中止未遂などの処罰範囲の画定については、おおむね、わが国の判例通説よりも処罰に関し謙抑的といえよう。

*6 規則112条は、録音・録画の具体的な方法も定めている。弁護人を取り調べに同席させる権利の放棄は、録音・録画によって記録されねばならないことも、明定されている。それらの具体的な内容は、http://d.hatena.ne.jp/ICC_RomeStatute/20050425#p1などを参照されたい。

*7 2007年5月19日開催の国際刑事法セミナーにおけるダニエル・アルシャック弁護士ほかの発言。

*8 ICCにおける弁護人資格は、締約国に限定されず、全世界の弁護士に開かれている。

*9 全5章46条からなる。その内容は、わが国における「弁護士職務基本規程」と「懲戒規則」に相当する。概要は、東澤靖『国際刑事裁判所　法と実務』（明石書店、2007年）103〜105頁。

*10 日弁連2003年2月28日付「公的弁護制度に対する日弁連意見書」、日弁連第7回国選弁護シンポジウム基調報告書「国費による弁護制度を創る」151〜154頁、第8回国選弁護シンポジウム基調報告書「国費による弁護制度を担う」142〜162頁など。

*11 ICTY上訴裁判部の2004年11月1日付け決定）。

*12 2007年5月18日「ICC、ICB、ローエイシア、アジア・太平洋地域の法曹との懇談会」

でのICB共同代表エベルハート・ケンプの発言。

*13 岡田悦典『被疑者弁護の研究』（日本評論社、2001年）123頁以下、同186頁、日弁連第7回国選弁護シンポジウム基調報告書「国費による弁護制度を創る」280頁以下など。

*14 北村泰三・山口直也編著『弁護のための国際人権法』（現代人文社、2002年）33～39頁。

*15 2007年5月19日の国際刑事法セミナーでのOPCD初代所長ザビエル・ジャン・ケイタの報告。

*16 同上報告。

*17 同上報告。

*18 ウルフ対パナマ事件：国連人権委員会。

*19 ブルート対オーストリー事件：ヨーロッパ人権裁判所。

*20 2007年5月19日国際刑事セミナーでのソン判事による基調報告。

*21 同上。

*22 Prosecutor v. Tadic, Judgment, Case No. IT-94-1-A, Appeals Chamber, July 15, 1999, para. 37.

*23 2007年5月18日「ICC、ICB、ローエイシア、アジア・太平洋地域の法曹との懇談会」での質疑応答。

*24 「武器対等は、……必ずしも同じ財政的かつ／または人的資源を保有することの実質的対等に等しいわけではない」との判断もある（Prosecutor v. Clement Kayishema and Obed Ruzindana, Judgment (Reasons), Case No. ICTR-95-1-A, Appeals Chamber, June 1, 2001, 67,69項。Prosecutor v.Milan Milutinovic et al., Decision on Interlocutory Appeal on Motion for Additional Funds, Case No. IT-99-37-AR73, Appeals Chamber, 13 November 2003, 34項）。

*25 前掲注15報告。

*26 2007年5月19日国際刑事法セミナーでのダニエル・アルシャクの報告。

*27 2007年5月19日国際刑事法セミナーでのICC書記局ディディア・ブレイラの発言。

*28 2007年5月18日「ICC、ICB、ローエイシア、アジア・太平洋地域の法曹との懇談会」でのICB共同代表エベルハート・ケンプの発言。

*29 ICBのウェブサイト http://85.17.104.100/bpi-icb/en 参照。

*30 2007年5月19日国際刑事セミナーでの報告。

*31 同上。

*32 ICC弁護人リストへの登録は広く世界中の刑事弁護人に対し開かれている。ICCのウエブページ（http://www.icc-cpi.int/home.html）上の弁護（Defense）の欄の中にある弁護人（Defense Counsel）を開くと、「弁護人リストに登録される方法（How to apply to be included in the list of counsel）」という項があり、その中の1にある応募書式（Candidate application form）をクリックすると、同書式をダウンロードすることができる。刑事弁護人として10年以上の経験があり法廷公用語である英語または仏語が堪能であれば誰でも応募することが可能である。なお、上記ウエブによると、2007年10月時点で弁護人リストに登録されているのは221名（応募数は351名）であり日本法上の弁護士は1名である。

（なかむら・ゆきひで）

第6章
国際刑事裁判所規程と国内法——ドイツと日本を例に

鈴木雅子

1. 序論

　2007年4月27日、参議院は、同年2月27日に閣議決定、同4月1日に衆議院にて承認されたICC規程を、衆議院と同じく全会一致で承認した。その後、2007年7月17日（日本時間の18日）には、「国際刑事裁判所規程」（以下「ICC規程」）の加入書が寄託され、日本は、2007年10月1日より正式に同規程の105番目の加盟国となった。

　このICC規程承認と同時に成立したのが、「国際刑事裁判所に対する協力等に関する法律」（以下「協力法」）である。これは、ICC規程上の義務を履行するために設けられた国内実施法である。協力法の詳しい内容については後述するとおりであり、65条の本文と4条の附則からなる比較的簡易なものとなっている。他方で、ICC規程加盟国の中では、ドイツのように、国内法の整備のため憲法の改正まで行っている国もある。

　そこで、以下、ICC規程においては、国内法の整備につきどのようなことを行うことが求められているのか、それを受けて国内法化の選択肢としてはどのような方式がありうるのかを概観した上、各国の立法例として日本、そして対照的な国内立法例としてドイツを取り上げて検討する。

2. ICC 規程が求める国内法の整備

1　実体法的側面

　ICC 規程は、同規程の締約国に対し、同規程の刑事実体法を国内法化することを締約国に義務付けていない。この点で、ICC 規程は、他の刑法関連の国際条約と性格を異にする。したがって、ICC 規程に規定されている集団殺害犯罪（ジェノサイド）、人道に対する犯罪、戦争犯罪、侵略犯罪の4つの犯罪[*1]を国内法で処罰可能とすることは、ICC 規程上は明確には求められていないことになる。

　しかしながら、このことが、ICC 規程上犯罪化されている犯罪につき各国が国内法と合致させる必要がないことを意味するものであるかは、別途に考える必要があろう。確かに、ICC 規程自体が ICC 上の犯罪を各締約国の国内法において犯罪化することを義務づけていなければ、これらの犯罪を国内法においても犯罪化することが各締約国の義務であるとまでは考えにくい。他方で、ICC 規程は、同規程上犯罪とされている罪は、「国際社会全体の関心事である最も重大な犯罪に限定」した結果、処罰対象とされた犯罪であり、国際慣習法の一部を条文化したものであると言われている[*2]。このことを受け、その前文において、「国際社会全体の関心事である最も重大な犯罪が処罰されずに済まされてはならないこと並びにそのような犯罪に対する効果的な訴追が国内的な措置を取り、及び国際協力を強化することによって確保されなければならないことを確認し、」「国際的な犯罪について責任を有する者に対して刑事裁判権を行使することがすべての国家の責務であることを想起」するとされ、各締約国が ICC 規程上の犯罪を処罰しうる状態にすることを強く求めている。さらに、各締約国がこれらの犯罪を国内法において犯罪化していなければ、締約国でありながら、一定の犯罪においては国内法において処罰を行わないことが最初から予定されていることになり、ICC の補完性の原則をゆるがせにしかねない。ICC 規程は、その実体法についても「当該国の国内法を整備することを強く奨励している」[*3]と言われるのは、そのような背景によるものと考えられる[*4]。

　日本も、加入にあたっては、ICC 規程上の犯罪を犯罪化する義務はないとの前提に立ちつつ、対象犯罪が国内法上も処罰可能であるか否かについては検討を行った。このことが、予算措置と並んで、日本の ICC 規程への加入が遅れた原

因とされる*5。この検討の結果、ほとんどのものが殺人罪、傷害罪、暴行罪等により処罰可能であり、実体法については国内法を整備する必要はないとの結論に達し*6、協力法は次に述べる手続面のみについて規定したものとなっている。

2 手続法的側面

他方、ICC規程は、その手続法的側面のうちいくつかについては、国内法への導入を義務付けている。具体的には、国際協力及び司法上の援助を規定する第9部がこれであり、「締約国は、自国の国内法の手続がこの部（引用者注：第9部）に定めるすべての形態の協力のために利用可能であることを確保する」ことが求められている（88条）。そして、締約国は、裁判所の管轄権の範囲内にある犯罪について裁判所が行う捜査及び訴追において裁判所に対して十分に協力すること（86条）が求められており、協力の内容は、主に容疑者の引渡しに関わる手続（89条乃至92条）とその他の形態の協力（93条）に分けて論じることができる*7。そのほか、ICC規程上の裁判の運営に対する犯罪のうち、自国の領域または自国民によって行われたものにつき自国の刑事法が適用できるようにすること（70条4項）も求められている。

ICC規程に伴って制定された協力法は、上記の締約国に課せられた義務を果たすことを目的としたものである。このことは、協力法案の提案理由においても明確に述べられている。すなわち、協力法案が衆議院に提出された際の提案理由としては、「国際刑事裁判所に関するローマ規程の締結に伴い、国際刑事裁判所が管轄権を有する事件の捜査等への協力のための手続規定及び国際刑事裁判所における偽証等その運営を害する行為についての罰則を整備する必要がある。」ことが挙げられている*8。

3 国内法化の方式

(1) はじめに

上記のように、ICC規程上、その実体法的側面については、各締約国は国内法化の義務は課されないものの、そのための整備を行うことが要請されているものと解されている。他方、その手続法的側面については、そのいくつかにつき国内法下の義務が課されている。そこで、このICC規程の実体法的側面、手続法的側面のそれぞれがどのように国内法化されうるものであり、また、どのように国内

法化されているかについて概観する*9。

(2) 実体法的側面の国内法への導入の方式
　まず、実体法的側面についての国内法への導入の方式については、ゲーアハルト・ヴェルレ教授の分類が参考になる。同教授によれば、国内法化の方法は、以下のように分類される*10。

　まず、①ICC規程を取り入れるために国内法において規定しなおすという作業を経ずに、そのまま完全に受け入れるという方式がある（完全受容）。この方式は、さらに、(i)国内法整備を全く行わずにICC規程を適用する方式（直接適用）、(ii)国内法において、ICC規程の該当部分に言及し、それを準用する方式（準用）、(iii)国内法において、ICCの規程をそのまま再現（コピー）する方式（再現）に分けられる。しかしながら、(i)の方式は、コモンロー諸国のように不文法（慣習法）をも犯罪の処罰根拠としうる国においてしか採用しえず、かつ、そのような国も、実際には慣習法を処罰根拠とすることには非常に消極的であることから、同方式は現実には採用しがたい。次に(ii)の方式も、個人の刑事責任の追及のために国内成文法が必要とされる法制度を採る国においては、採用しえない。さらに(iii)の方式も、ICC規程の規定が罪刑法定主義の観点から十分に明確でないという点から、ドイツのように法規の安定性につき憲法上明確な要請がある国ではやはり採用し得ない。結局、ICC規程を国内において最も忠実に履行する方式のように見えるこの方式は、採用しうる国がかなり限定されてくることになる。

　そこで、次に、②国内法に取り入れる形でICC規程を修正的に国内法化する（修正的受容）という方式が検討されることになる。実体法を国内法化している多くの国がこの方式を取っているものと考えられる。例えば、ドイツのほか、カナダ、イギリス、フランス、オランダ、スイスなど、ICC規程の成立に中心的役割を果たした国は、いずれもICC規程を国内において受容するための包括的な立法を行っており、その中でICC規程が対象とする犯罪を国内的にも犯罪とする実体法についても規定している*11。

　このほか、実体法については、③国内法化の手続を全く取らない（不受容）という選択肢も考えられる。この場合、当該締約国は、国際刑事裁判所規程が対象とする犯罪への対応は、殺人、自由の剥奪などの通常の刑法によることになる。既に述べたように、ICC規程は、締約国に実体法につき国内法化の義務を負わ

せてはいないから、この方式も国際刑事裁判所規程に反するものではない。後述するとおり、協力法案は実体法については何ら規定していないものであることからすると、日本は、この③の方式を採ったということになろう。

(3) 手続法的側面の国内法への導入

他方、手続法的側面については、締約国の国内法化の義務を負う以上、受容しないという選択肢は理論的には存在し得ない。したがって、最低限、手続法的側面については、国内立法が求められていることになる。もっとも、実際には、締約国でありながら、国内法措置を取っていない国も少なからず存在するようである。森下教授は、ICC 規程の批准・加入に伴って国内法整備を行った国は、半分にも満たないと考えられるとする [12]。また、国際的人権 NGO であるアムネスティ・インターナショナルは、そのホームページにおいて既に ICC 規程を国内法化またはそのための草案を作成している国のリストを公表している [13]。2007 年 10 月現在、同ホームページに掲げられている情報によれば、締約国のうち、国内法化を行った国（草案作成段階を含む）は 50 カ国にとどまる [14]。もっとも、日本も同リストにはまだ登載されていないことからすると、ごく近時に国内法化の手続を行った国についてはリストから漏れている可能性もあり、実際にはこれより多くの国が国内法化の手続を採っているものと思われる。

(4) 国内立法の対応方法

以上が実体法、手続法双方における国内法化の方式、状況であるが、このような国内法化のアプローチの仕方については、マキシマリストとミニマリストという分類がよく用いられる。

このうち、マキシマリストとは、ICC の対象犯罪に対応する犯罪の処罰規定を新たに、しかも包括的に国内法として規定する方法である [15]。先にあげたドイツ、カナダ、イギリス、フランス、オランダ、スイスはいずれもこのマキシマリストに属するものといえる。

これに対して、ミニマリストとは、ICC の対象犯罪に対応する犯罪の処罰規定を新たには設けず、国内法化が義務づけられている手続法的側面のみに対応する規定を設けるという方式である [16]。日本についても、当初 ICC 規程を国内法化するための包括的な立法が行われるとの予測もあったが [17]、結論において、日本は

このミニマリストの方式を取ったものである。

そこで、次に、マキシマリストの典型例として我が国で例として挙げられることが多いドイツと、ミニマリストに属する日本の国内法化についての対応を見ていくことにする。

3. 各国の立法例—ドイツと日本の比較

1 ドイツ
(1) 国際刑法への考え方とその変化 *18

国際刑法の起源は、第2次世界大戦後の極東国際軍事法廷とニュルンベルク国際軍事法廷に遡る。ところが、長らく西ドイツにあっては、そのニュルンベルク国際軍事法廷に対しては、被告人たちは勝者である連合国による裁きの被害者と受け止められ、批判的な論調が主流であった。他方、東ドイツにおいては、ニュルンベルク国際軍事法廷諸条約が無条件に認められたが、その適用において法は濫用、悪用された。このような状態から、長らくドイツ（西ドイツ）においては、ニュルンベルク国際軍事法廷、ひいては国際刑法に対しては、消極的、否定的態度が長く取られていた。

ところが、1990年代に入り、状況は大きく変わる。まず、ドイツ連邦通常裁判所が旧東ドイツ政府による犯罪に関する判決の際に国際刑法に言及し、はじめて国際刑法の処罰根拠の正当性が裁判所において認められた（「壁の射殺」事件）。さらには、外国人によって外国人に対して外国で行われた集団殺害犯罪（ジェノサイド）につき、ドイツ連邦通常裁判所がドイツ刑法の適用を肯定した（Jorgic事件）*19。ただし、同事件では、ドイツと何らかの連結点が必要であるとされていたが、2001年には、同裁判所により、国際条約によってドイツが訴追義務を負う場合には、その国外犯がドイツと何らのつながりを持たないときでもドイツ刑法を適用すべき旨判示されるに至った（Sokolovic事件）。こうして、国際刑法はドイツ国内において明確に地位を認められることとなり、ドイツは国際刑法につき積極的な立場を取るに至っている。具体的には、旧ユーゴスラビア国際刑事法廷との幅広い協力を行い、ICCの設置においてもその早期の設立に向け中心的な役割を果たすに至った。そして、次に述べるとおり、ICCが設立された際には、ICC規程の国内における実現のため、憲法の改正を含む大幅な法改正、新規立法を

(2) ICC規程のための立法、法改正とその内容
ドイツが、ICC規程のために行った立法と法改正は、以下のとおりである[*20]。
(i) ドイツ連邦共和国基本法（憲法）第16条の改正
ドイツがICC規程を批准するにあたり、まず検討されたのが、憲法との整合性であり、特に第16条が「いかなるドイツ人も外国に引き渡されてはならない」として、ドイツ人の外国への引渡を禁じていることとICC規程との整合性が問題となった。その結果、ICC規程への批准に伴い、「欧州連合加盟国または国際法廷」への引渡については、「法治国の諸原則が保障される限り、法律により、これと異なる規定をおくことができる」として条件つきで認める第2文が憲法第16条に加えられた。本改正は、2000年12月1日に公布された。
(ii) ICCに関するローマ規程批准法（批准法）
本法律は、2000年12月7日に公布された。これは、ドイツが国際条約の批准・加入に当たって承認法形式を採用しているため、その承認法として制定されたものである。
(iii) ICCローマ規程を施行するための法律
法律は、2002年6月28日に公布された。本法律は、主にICC規程第9部が定めている締約国の裁判所に対する司法上の協力義務の履行を確保するために制定された。本法律は、全13章からなり、その大部分を、第1章におかれた新法であるICCとの協力に関する法律が占めている。第1章においては、引渡しに関する詳細な規定がおかれるほか、ICCが下した判決及び命令の施行に関する司法共助、その他ICC規程上求められている協力義務について定められている。第1章のほかには、公訴時効の停止ならびにICCの判事及び職員の同等の扱いに関する法律（第2章）、刑事訴訟法改正（第3章）、国際司法共助法改正（第5章）、旧ユーゴスラビア国際刑事法廷法改正（第7章）、ルワンダ国際刑事法廷法改正（第8章）、連邦刑事庁法改正（第9章）などが同法の中で規定されている。
(iv) 国際刑法典を制定するための法律
2002年6月29日に公布されたこの法律は、ICCの実体法的側面の国内法化のために定められた。これは、同法律は、新法である国際刑法典（第1章）の他、

刑法典改正（第2章）、刑事訴訟法改正（第3章）、裁判所構成法改正（第4章）等からなっている。

これは、ICC規程に定められた犯罪構成要件のうち、「人道に対する罪」はドイツの現行刑法典では犯罪要件とされておらず、また、「戦争犯罪」も部分的にしか犯罪構成要件とされていないことから、これらにつきICC規程に即した規程をなし、現行刑法典を補足するために制定されたものである。これに伴い、現行刑法典で規定されていた「民族謀殺」は、現行刑法典中同箇所に言及している箇所が削除され、国際刑法典に規定し直された。

(ⅴ) その他

このほか、国際刑法典の制定に伴い、憲法第96条第5項も改正され、2002年7月31日に公布された。これは、同項に規定されていた「州の裁判所が連邦の裁判権を行使する旨を規定できる分野」に、国際刑法点に定める3つの分野を加えるものである。

さらに、上記を具体化して上級地方裁判所にこれらの分野の管轄権を与えるため、裁判所構成法の改正もなされている（120条）。

2　日本

(1)　はじめに

このように、国内において国際刑法が位置づけられるに至ったドイツとは異なり、日本においては、特に裁判所においては、国際刑法についての議論はほとんど深められてこなかった。かかる事情を反映してか、ICC規程加盟にあわせて整備された協力法は、実体法については何ら規定することなく、専らICC規程上明確に締約国において国内法化が求められている手続法、具体的には、①ICCが管轄権を有する事件の捜査等への協力のための手続規定、②ICCにおける偽証等その運営を害する行為についての罰則の整備という2点のみに関するものとなっている。

(2)　実体法の国内法化の必要性を巡る議論

このように、協力法は、何ら実体法については規定していない。しかしながら、当初からこのような方向が定まっていたわけではなく、むしろ、実体法についても国内法化を行うべきか否かについては、協力法案策定前からさまざまな議論があっ

た。

例えば、2002年2月から2005年1月まで外務省国際法局国際法課でICCを担当されていた石垣友明氏は、個人的見解としながら、2005年3月の段階では、ICC規程の締結を速やかに行うためには、できるだけ既存の国内法を活用することが現実的であるとしつつ、実体法についてもさまざまな問題を指摘して国内法化の要否を慎重に検討すべきであるとしていた[*21]。石垣氏が指摘していたのは、集団殺害犯罪（ジェノサイド）（6条）につき、個別の構成要件の国内法上の整理、実行行為を伴わない、集団殺害の扇動そのものを処罰するにあたり、どのような形で処罰対象を明確化するか、人道に対する罪（7条）につき、既存の刑法体系において真に処罰可能か、戦争犯罪（8条）につきICC規程上の行為類型につき全て処罰可能か、といったICC規程上の対象犯罪の国内法における処罰可能性のほか、時効が適用されないこと（29条）、元首、政府若しくは議会の一員であるというような公的資格とは無関係に等しく刑事責任が課せられること（27条）を国内法においてどのように整理できるか、といった点であった。平成18年10月時点での外務省作成資料においてもなお、ICC対象犯罪の処罰につき協力法案に含めるかについては検討中とされており、また、同様に、ICC規程と国内法との間のギャップ及びそれを埋めるための整備の必要性は複数の専門家から指摘されていた[*22]。

結論として協力法において実体法については規定しないこととなったが、このことは、検討の結果、国際刑事裁判所規程上の対象犯罪など、実体法上の規定が国内法によってすべてカバーされるという結論に至ったことを意味するものではない。この点については、政府も、対象犯罪の一部について日本で処罰できない可能性を認めている。それでもなお実体法について規定しなかったのは、ICCの対象犯罪は十分な重大性を有するもののみであることから、そのような犯罪が日本で行われるなどして日本が管轄権を有することになる可能性は極めて低いという想定に基づき、新たな立法による対応までは不要であり、万が一そのような事態が起きた場合には、補完性の原則によりICCによる管轄権行使が可能であるとの見解によるものである[*23]。

(3) 協力法の概要

次に、協力法の具体的内容について見ることにする。

(i) 協力法の構成等

協力法は全4章、65条の本文と4条の附則からなる。このうち、第1章「総則」では、協力法における用語の定義とともに、協力法の目的として、「国際刑事裁判所に関する規程（ローマ規程）が定める集団殺害犯罪（ジェノサイド）その他の国際社会全体の関心事である最も重大な犯罪について、ICC の捜査、裁判及び刑の執行等についての必要な協力に関する手続を定めるとともに、ICC の運営を害する行為についての罰則を定めること等により、規程の的確な実施を確保すること」が謳われている。ICC に対する協力を定めた第2章は、主に証拠の提供と引渡犯罪人の引渡しについて規定されており、国際刑事警察機構に対する措置を定めた第3章とともに、国際協力及び司法上の援助について定めた ICC 規程第9部に対応したものとなっている。第3章は、国際刑事警察機構に対する措置を定めた1ヵ条のみからなり、第4章は、ICC 規程第70条4項に対応するもので、ICC の運営を害する罪に関する規定となっている[*24]。

これまでも、国際捜査共助等に関する法律、逃亡犯罪人引渡法、外国裁判所の嘱託による共助法、組織的な犯罪及び犯罪収益の規制等に関する法律と、外国の刑事手続に協力するための法律は複数あったものの、いずれも外国に対する協力であって、ICC のような国際機関を想定したものではなかった[*25]。そのため、協力法第2章及び第3章が設けられることとなった。

(ii) 証拠の提供等（協力法6条～18条）

証拠の提供を定めた第4章第2節は、ICC の捜査又は裁判に係る手続に必要な証拠を ICC に提供する手続である証拠の提供、ICC の公判段階において裁判部により行われる証拠調べを日本の裁判所が代わって行う手続である裁判上の証拠調べ、ICC の裁判部又は予審部が行う書類の送達の援助として日本の裁判所が行う手続である書類の送達、ICC における証人尋問等などに国内受刑者を出頭させるため、同人を ICC 又はその指定する場所に移送する手続である受刑者証人等移送からなる。

これらについての ICC からの協力の請求は、いずれも外交ルートを通じて行うこととされ、具体的には、外務大臣が、国際刑事裁判所からの協力の請求を受理し、証拠の送付や書類の送達についての結果の通知等を行う（協力法3条）。

これらの協力の請求を受理した外務大臣は、請求の方式が規程に適合しないと認める場合を除き、意見を付して、請求に関する書面を法務大臣に送付する（協

力法4条)。

　書面の送付を受けた法務大臣は、協力法6条1項に定める協力制限事由に該当する場合を除き、証拠の提供については原則として地方検察庁の検事正に必要な証拠の収集を命じ、または、国家公安委員会等に協力の請求に関する書面を送付し（協力法6条2項）、裁判上の証拠調べ及び書類の送達については、地方裁判所に対し、協力の請求に関する書面を送付する（協力法14条）。そして、これらの結果は、法務大臣に送付され、法務大臣はこれを外務大臣に送付し、外務大臣からICCに対して送付、通知等が行われる。

　受刑者証人等移送については、協力法6条1項4号及び17条1項に定める協力制限事由に該当せず、かつ、当該請求に応ずることが相当であると認めるときは、法務大臣は、30日を越えない範囲内で国内受刑者を移送する期間を定めて、移送の決定をする（協力法17条）。そして、刑事施設の長又はその指名する刑事施設の職員は、国内受刑者をICC又はその指定する場所に護送する（協力法18条3項）。

　なお、ICC規程は、ICCが締約国に対して協力を求める権限を有するとし（87条）、締約国はICCに対して協力する義務を負い、規程が明文で規定する場合に限り、ICCからの請求を拒否できることを原則としている。そのため、締約国には非常に狭い裁量しか認められておらず、外国に対する共助の場合には認められている、政治犯罪であることや双罰性がないことなどの共助制限事由は協力制限事由とされていない。また、法務大臣における広範な相当性判断も認められていない。もっとも、このことは、ICCが「国際社会全体の関心事である最も重大な犯罪」を対象とし、犯罪の政治性、双罰性の欠如などを理由として協力を行わないことは相当でないことからすれば、合理的な帰結と言えよう[*26]。

(iii)　引渡犯罪人の引渡し（協力法19～37条）

　ICC規程に基づくICCへの引渡しは、英語では「surrender」であり、条約、協定又は国内法に基づき、ある国がいずれかのものを他国に引き渡す「extradition」と区別される（102条）。日本語では、ICC規程上は、ICCへの引渡しを「引渡し」とし、国家間の引渡しを「犯罪人引渡し」として区別したが、協力法においては、裁判所に対する引渡しを特に「引渡犯罪人の引渡し」と呼んでいる。

　このICCからの引渡犯罪人の引渡請求についても、証拠の提供の場合と同様、

外務大臣が受理し（協力法3条）、外務大臣の意見を付して法務大臣に送付される（協力法4条）。引渡犯罪人の引渡しは、協力法19条に規定される協力制限事由に該当する場合を除き行うことができるとされ、法務大臣は、協力法19条及び20条1項に規定する協力制限事由等に該当する場合を除き、東京高等検察庁検事長に対し、関係書類を送付して、引渡犯罪人を引き渡すことができる場合に該当するかどうかについて東京高等裁判所に審査の請求をすべき旨を命ずる（協力法20条）。法務大臣から命令を受けた東京高等検察庁検事長は、既に仮拘禁*27がなされまたはこれが停止されている場合を除き、同検察庁の検察官をして、同裁判所の裁判官が発する拘禁許可状により引渡犯罪人を拘禁し（協力法21条）、同検察官は、東京高等裁判所に対し、引渡犯罪人を引き渡すことができる場合に該当するか否かにつき審査請求を行う（協力法22条）。同裁判所は、引渡犯罪人を引き渡すことができるかどうかを同人の拘禁から2カ月以内に決定し（協力法23条）、引き渡すべきであると認められる場合には、その決定の日から10日以内に、引渡犯罪人の引渡しを命ずる（協力法25条）。そして引渡犯罪人は、引渡命令の日から30日以内に引き渡されなければならない（協力法29条）。

既述のICC規程に定められた締約国の協力義務から、引渡犯罪人の引渡しについても政治犯罪であることや双罰性がないことなどは協力制限事由として認められていない。ただし、裁判所の運営に対する犯罪については、他の場合（引渡犯罪が重大犯罪である場合）に比べ、より多くの制限事由が認められている。また、裁判所の運営に対する犯罪の場合を除き、逃亡犯罪人の引渡〔extradition〕）においては認められている自国民不引渡の原則も適用がない。

(ⅳ) 執行協力（協力法38〜48条）

執行協力とは、ICCにおいて言い渡される、罰金刑、没収刑、若しくは被害回復命令の確定裁判の執行をすること、又は没収刑若しくは被害回復命令のための保全をすることをいう（法2条10号）。なお、被害回復命令とは、ICC規程第75条2項に規定されており、同項によれば、ICCは、有罪の判決を受けた者に対し、被害者に対する、または被害者に係る適切な賠償（原状回復、補償及びリハビリテーションの提供を含む）を特定した命令を発することができるとされている。

この執行協力においても、他の協力の場合と同様、ICCからの請求を外務大

臣が受理して法務大臣に送付し、法務大臣は、協力法38条及び39条1項に規定する協力制限事由等に該当しないと判断した場合、地方検察庁の検事正に対し、執行協力に必要な措置を取るように命ずる（39条）。法務大臣の命令を受けた検事正は、その庁の検察官をして執行協力に必要な措置を取らせ、執行協力の実施に係る財産を保管しなければならない（40条）。

執行協力の請求が罰金刑、没収刑又は被害回復命令の確定裁判の執行によるものであるときは、検察官は、裁判所に対し、執行協力をすることができる場合に該当するか否かにつき審査の請求を行う（協力法40条）。同裁判所は、執行協力をすることができる場合に該当するか否かを決定する（協力法41条）。執行協力をすることができる場合に該当するとされた場合、検事正は、執行協力の実施を行い（協力法42条）、この結果、得られた財産は、同検察庁検事正から法務大臣、外務大臣を経てICCへと引き渡される。

執行協力の請求が、没収刑又は被害回復命令のための保全に係るもので、検察官が、日本国の法令によれば没収の保全に相当するものであると認めるときは、裁判官に、没収保全命令を発することを請求する（協力法43条）。裁判所又は裁判官は、協力制限事由に該当していない場合は、没収保全命令を発し、当該請求にかかる財産についてその処分を禁止する（法44条）。

本協力における協力制限事由も、他の協力の場合と同様、限定的にしか認められていない。

(v) 国際刑事警察機構に対する措置（協力法52条〔第3章〕）

国家公安委員会は、国際刑事裁判所から国際刑事警察機構を通じて管轄刑事事件の捜査に関する措置の請求を受けたときは、協力制限事由に該当する場合を除き、都道府県警察に必要な調査の指示等の措置を取ることができる（協力法52条）。

本条は、ICC規程87条1項(b)が国際刑事警察機構を通じて協力の請求を送付することができる旨規定していることに呼応して定められたものである。

(vi) 国際刑事裁判所の運営を害する罪（協力法53〜65条〔第4章〕）

国際刑事裁判所の運営を害する罪について定めた第4章においては、裁判の運営に対する犯罪を定めたICC規程70条1項に対応し、証拠隠滅（協力法53条）、証人等威迫（同54条）、証人等買収（同55条）、組織的な犯罪に係る証拠隠滅等（同56条）、偽証等（同57条）、収賄、受託収賄及び事前収賄（同

58条)、第三者供賄(同59条)、加重収賄及び事後収賄(同60条)、あっせん収賄(同61条)がICCが管轄権を行使する事件について行われた場合の刑罰について定めている。

　これらの行為類型はいずれも日本の刑法においても犯罪とされているが、日本の刑法が対象とするのは日本の裁判手続に関する行為であって、ICCの裁判手続はその対象とはならない。そこで、ICC規程第70条4項は、70条1項について定めた罪が自国において又は自国民によって行われたものにつき犯罪化することを要求していることから、本章が設けられたものである。

4. おわりに

　日本が長くICC規程に加入しなかった理由として、財政的負担に関する調整とともに、国内法整備の準備が挙げられていたのは既述のとおりである。しかしながら、既に見たとおり協力法案は手続法のみに限った簡素なものとなっており、詳しく例に見たドイツのほか、いくつもの国が、ほぼ批准と同時に包括的な国内立法を制定していることからすると、かかる説明は説得力を欠くように思われる。

　ともあれ、日本が国際刑事裁判所に加盟したこと自体は、著しい前進であり、不処罰の連鎖を断ち切ることへの日本の積極的な姿勢を示したものと言える。ICC規程への加盟により、日本は、ICCへの最大拠出国となった。今後は、加盟によって課せられる義務の履行資金拠出だけでなく、ICCへの人的貢献[*28]、さらには特に加盟の少ないアジア地域における加盟国増加への推進等、ICCの活動をより活発化、実質化していくための積極的な関与が求められることになる[*29]。

注

[*1]　もっとも、侵略犯罪については、現時点では、締約国会合における作業部会においてその定義が詰められている段階にあるから（詳細については、ICCホームページ http://www.icc-cpi.int/asp/aspaggression.html）、いまだ国内法化の段階にはいたっていない。

[*2]　ゲーアハルト・ヴェルレ（フィリップ・オステン訳）「国際刑法と国内刑事司法」刑法雑誌44巻2号（2005年）134頁。

*3 ゲーアハルト・ヴェルレ教授の慶応義塾創立150年記念ICCに関する国際シンポジウム「ICCの現在と未来——その意義、実績そして挑戦——」における講演レジュメ。

*4 ヴェルレ・前掲注2・136頁、真山全「ICCの対象犯罪と国内的対応」法律時報79巻4号（2007年）31頁。

*5 第163回衆議院法務委員会（平成17年10月28日）における南野知恵子法務大臣による答弁、平成18年10月外務省作成資料「ICC（国際刑事裁判所）規程の締結に向けた準備状況について」など。

*6 外務省・前掲注6。

*7 洪恵子「ICC規程の批准と手続法の課題」法律時報79巻4号（2007年）38～39頁。

*8 http://www.shugiin.go.jp/itdb_gian.nsf/html/gian/honbun/houan/g16605048.htm

*9 この国内法化のありかたについては、2007年度の日本刑法学会における国際刑事法のワークショップでもテーマになるなど、国際刑事法において注目されるトピックの一つとなっている。

*10 ゲーアハルト・前掲注3。

*11 松葉真美「ICC規程履行のための各国の国内法的措置」レファレンス平成16年5月号37～63頁（2004年）。

*12 森下忠「海外刑法だより（261）ローマ規程の批准に向けて」判例時報1952号（2007年）34、35頁。

*13 http://web.amnesty.org/pages/icc-implementation-eng （現在は閉鎖）。

*14 リストにある国の総数は51カ国であるが、このうち、プエルトリコは、ICCに対し反対の姿勢を明確にしているアメリカの自治領であることから、批准、加入は不可能であるものの、自主的にICC規程を国内法に取り入れるべく法改正を行っている。

*15 東澤靖『国際刑事裁判所　法と実務』（明石書店、2007年）301頁、新倉修「ICC規程の批准と国内法整備の課題」法律時報79巻4号（2007年）26頁。

*16 同上。

*17 松葉・前掲注11。

*18 フィリップ・オステン「刑法の国際化に関する一考察——ドイツと日本における国際刑法の継受を素材に——」法学研究(慶應義塾大学法学研究会編)79巻6号（2007年）51～76頁、同氏による日弁連における2006年11月15日の講演。

*19 同事件では、旧ユーゴで犯されたジェノサイドの罪が問われた。

*20 松葉・前掲注11、戸田典子「【短信：ドイツ】ICCのための国内法整備」外国の立法215（2003年）、オステン・前掲注18の論文及び講演。

*21 石垣友明「ICC規程締結に向けた日本の課題」ジュリスト1285号（2005年）108〜115頁。

*22 例えば、真山・前掲注4、森下・前掲注12。

*23 平成19年3月20日衆議院本会議麻生太郎外務大臣の答弁。ほか、平成19年3月28日衆議院外務委員会松島みどり政務官及び猪俣浩司政府参考人の答弁、平成19年4月26日参議院外務防衛委員会水野賢一法務副大臣の答弁においても同様の説明がなされている。

*24 協力法の内容につき、詳しくは松本麗「ICCに対する協力等に関する法律の概要」法律のひろば2007年9月号19〜26頁、東澤・前掲注15。

*25 松本・前掲注24、19〜20頁。

*26 島田征夫「国際刑事裁判所への容疑者の身柄引渡について」国際人権No.12（2001年）。

*27 ICCの仮逮捕の請求により、その仮逮捕の対象とされた者を仮に拘禁すること（協力法2条9号）。

*28 本稿脱稿後の2007年11月30日、日本の斎賀富美子人権担当大使がICCの裁判官に同補欠選挙で選出された。

*29 加盟後の日本の役割を論じたものとして野口元郎「国際刑事裁判所の現状と課題及び我が国の果たすべき役割」法律のひろば2007年9月号27〜37頁。

（すずき・まさこ）

第2部

報告：
国際刑事弁護士会拡大理事会・
国際刑事セミナー

本書第2部では、国際刑事セミナー等（2007年5月18～19日）の内容を報告する。第2章では、国際刑事セミナーに先立って行われた、プレ・シンポジウムの内容について、第3章では、ICC、ICB、ローエイシア、アジア・太平洋地域の法曹との懇談会の内容について報告する。第4章では、国際刑事セミナーでICC判事および被害者及び弁護人部部長から行われた基調報告を紹介する。第5章ないし第7章では、国際刑事セミナーで行われた、国際刑事手続における武器対等原則、国内刑事手続における武器対等原則、国際／国内刑事手続における被害者の3つのパネルディスカッションを紹介する。
　なお、いずれの報告も、当日行われた発表及び議論について、報告者の理解によって要約したものである。発言者の肩書については、原則として当時のものを掲載している。

第1章
国際刑事弁護士会拡大理事会・国際刑事セミナーにいたる道のり

東澤　靖

1. 日弁連とICCとの関わり

　日弁連（日本弁護士連合会）は、なぜ、国際刑事裁判所（ICC）に関わる活動を開始したのであろうか。

　日弁連のICCに関する公式の関わりは、ローマ規程を採択した1998年のローマ全権外交会議へのNGOオブザーバーとしての参加から始まった。その参加を通じて、日弁連は、ICC設立の期待が諸国家のみならず多くのNGOや市民社会によって支えられていること、とりわけ世界的な法の支配を推進する各国の法律家がこの試みを支えていることを実感することとなった。その後、日弁連内でICCについての検討が進められ、2002年に日弁連は、「国際刑事裁判所への日本の積極的参加を求める決議」（同年6月21日付日弁連理事会決議、以下「2002年決議」）を採択した。またこうした立場は、日本のローマ規程加入の閣議決定

がなされた際の「日本政府の国際刑事裁判所規程への加入方針を歓迎し、同裁判所の活動への積極的な貢献を求める声明」(2007年2月27日付日弁連会長声明、以下「2007年会長声明」)においても引き継がれている。

　ICC は、条約による国家間の機関であり、設置される裁判所も日本国内の法律実務に直接かかわるものではない。それにもかかわらず、日弁連はなぜ ICC の設置やローマ規程への日本の加入をこのように強力に推進してきたのか。2007 年会長声明は、そのことについて三つの観点から述べている。

　第 1 には、国際的な法の支配の確立である。2007 年会長声明は、「いまなお武力紛争や民族紛争のもとで重大な人権侵害がくり返されている状況において、国際刑事裁判所がそれらに有効に対処する新たな国際的システムとしてその役割が期待されていること、ジェノサイド等の国際犯罪に対しては、国際法廷における厳正な法の支配をもって臨むべきであること」と述べ、ICC を法の支配を確立するための重要な機関として位置づける。その意味するところは、2002 年決議においてより明確である。すなわちその前年には、9・11 の同時多発テロや、それに対抗するアメリカやイギリスの報復的な軍事行動が存在した。日本を含む各国政府も、そうした軍事行動への援助やテロ防止のための人権の制限を実施していた。そのような世界の状況に対するオールタナティブとして日弁連が位置づけたのが、ICC を中心とする国際的な法の支配の確立であった。そのため 2002 年決議は、「すなわち反テロリズムの名のもとに軍事力の行使を容認する姿勢の拡大や、無関係な市民の政治的・市民的権利を制限するおそれのある立法が拡大しつつある中で、そのような方法によることなく犯罪を抑止し、正義を実現する道が模索されているからである」と述べていた。

　第 2 には、ICC で実際に活動する弁護士への支援である。2007 年会長声明は、この点について、弁護士の「地位の確立とその活動の独立を国際的に保障するため」と述べている。ICC では、裁判部、検察局あるいは書記局などの正規の機関に加えて、世界中から多数の弁護士が被疑者・被告人の弁護、そして被害者の代理のために活動する。しかし、そうした弁護士たちが、ローマ規程のもとで正規の機関として存在する裁判部、検察官局そして書記局の前で、さらにはその背後にあって主要な基本文書や予算を決定してゆく締約国会議からの圧力の中で、どのように弁護士の独立を貫きその地位を確保してゆくのか。これは、戦後のニュルンベルク法廷や極東軍事法廷、さらには近年の旧ユーゴスラビアとル

ワンダの法廷で、弁護士たちが直面してきた問題であった。国内の凶悪犯罪の弁護を担当してさえ、その弁護活動自体にしばしば社会的な非難が加えられるのは何も日本に限った話ではない。それが「国際的な関心事である最も重大な犯罪を行った者」（規程1条）を裁くICCである場合、その弁護活動に加えられる物理的及び心理的な圧迫は相当のものがある。たとえ、国際刑事裁判においては国際人権基準に従った取扱いがなされることがその正当性の基礎であるとはしても、弁護士が十分にその職務に専心できない環境のもとでは絵に描いた餅となろう。

このようなICCの弁護士に対する日弁連の支援は、当然に将来、日本の弁護士がICCの場で活動していくことも展望した上のことである。2007年会長声明は、「わが国は、そのような場に多くの日本の法律実務家その他の専門家が参加していくための環境を整備すべきである」という課題を、日本政府のみならず自らの課題として提起している。

そして第3に日弁連は、ローマ規程において実現された刑事手続に対する国際的な水準による日本の刑事手続へのよい影響を期待する。「裁判所で実現されている被疑者・被告人の人権を保障する措置は、取調べ過程への弁護人の立ち会いや録画・録音をはじめ、国際水準に沿うものである。日本は、そのような刑事司法制度の国際的な水準を自国内で実現することにより、国際刑事裁判所に協力すべき国内の制度を実現・発展させていくべきである」（2007年会長声明）は、まさにそのことを述べている。もちろんICCにおいて採用される刑事手続は、すべての面で国際人権法の水準に適合することが求められる反面（規程21条3項）、一部の例外を除いて、締約国内の刑事手続に法的な影響を与えるものではない。他方で、ICCは事件の受理許容性や一事不再理の判断において、国内で行われた刑事手続が「国際法の認める適正な手続の規範」に従ったものであるかどうかを審査する権限を持っている（同17条2項、20条3項b）。このようなもとで締約国は、後に触れる補完性の原則の下で自国が犯罪を適切に捜査・訴追していることを示すために、自国の手続が国際的な適正手続の基準に合致しているかどうかの検討を求められることになるであろう。

2. 日弁連のICBへの加入

そのような日弁連のICCに関する関心事項は、まさに法曹として世界各国の弁

護士会や法律家も共有するところであった。ICC において弁護士は、被疑者や被告人の弁護、そして犯罪被害者の代理という職務を担うことになる。しかしローマ規程においては、ICC で活動する弁護士の資格、地位、権限について十分な規定をおいておらず、裁判部、検察局、さらには書記局が ICC を構成する組織として位置づけられているが、弁護士を代表する組織については何らの規定もない。本来、弁護士の自治と独立は、裁判部や検察局と並ぶ第3の柱として位置づけられるべきではないか。そのような弁護士の声を制度に反映させていくためには、ICC で活動する弁護士だけの力では足りない。ICC の基本的事項や予算を決定する締約国会議に匹敵する形で、全世界の弁護士団体や法律家を正統に代表する国際弁護士組織が、そのような目的を達成するためには必要であった。

そのような共通の関心を持つ弁護士会や法律家が、2001年12月に、パリ弁護士会の提唱でフランスのパリに集まった。そして何度かの準備会合を重ねて、2002年6月にカナダのモントリオールで国際刑事弁護士会（ICB）を設立したのである。こうした動きは、ICC の締約国会議における手続及び証拠規則の起草にも反映され、同年9月に採択された規則は、専門家行為規範の制定、法律扶助の実施、弁護士の研修において、ICC の裁判所書記が国内及び国際の弁護士会と協議すべきことを規定することとなった（規則8、20）。そして実際にも、それらの実施における協議、弁護士に対する懲戒委員会や懲戒上訴委員会その他の機関において、ICB に所属する弁護士がその中心的な役割を担っている。ICB（本部：オランダのハーグ）は、その後、ベルリン（2003年）、ハーグ（2005年）、ニューヨーク（2007年）と総会を開催し、また年に2回の理事会と、随時、執行委員会を開催して活動している。

日弁連は、パリでの準備会合から、ICB の設立に関わり、その後の準備委員会への参加を経て、ICB の設立とともに2002年に団体加盟した。2003年3月にドイツのベルリンで開催された第1回総会には、日弁連の執行部（永尾廣久副会長、古井明男副会長。いずれも当時。）を含む5名の代表団が参加した。また、同総会において日弁連の推薦する会員が、理事・アジア連絡担当者（全42名、アジアの弁護士会から5名）に選出され、2007年からは7名の執行委員の執行委員の一人となっている。

3. ICB拡大理事会東京開催の決定

　以上のように日弁連は、ICCの制度の確立とともに発展してきたICBの中で、アジアから中心的な関与を行ってきた。しかしながら、他方で、日弁連はICC及びICBについて、果たされていない重要な課題を担うことになった。

　その第1は、日本自身のローマ規程への加盟であった。日本は、1998年のローマ会議においてローマ規程の採択に加わりながらも、その後は、同規程に署名することもなく、加盟問題は政府によって長らく放置されていた。そのような状況に対し、日弁連は、ローマ規程加盟に向けた世論喚起と推進力の形成を課題としていた。

　もう一つは、アジア地域一般のICCとICBに対する関心の低さであった。アジア地域は、他の地域に比べて国家によるローマ規程への加盟や弁護士会のICBへの参加がきわめて低調であった。

　そのような状況を打開するためのテコとするために、日弁連は、ICBの2007年総会を日本に招致することを決定し、2005年11月のICB第2回総会（ハーグ）に執行部（鹿野哲義副会長、中村順英副会長。いずれも当時）を含む代表団が参加して、正式に提案を行った。この提案は、総会の参加者から歓迎を以て迎えられた。他方で、ICB執行部において、総会をICCの締約国会議に対する影響力行使の場として位置づけるために、ハーグまたはニューヨークにおいて通常開催される締約国会議に連動させる方針を決めていた。そのため日本での会合は、ICBの拡大理事会として開催されることとなった。

　このような経過で、2007年5月に、日本の東京においてICB拡大理事会が開催されることとなった。日弁連においては、2006年6月からICB拡大理事会等ワーキング・グループ（中村順英座長）が設置され、その準備に当たることになったが、その準備の過程でICB拡大理事会をより充実したものとするために以下のような活動が追加された。

　第1には、拡大理事会の翌日に国際刑事法セミナーを開催することであり、このセミナーにおいては、ICCに関する討議のみならず、アジア・太平洋地域の各国の国内刑事手続が抱える問題点について情報交換と討議がなされることとされた。このようにアジア・太平洋地域の弁護士会や刑事弁護士が集まって、国内刑事手続を検討する場は、この地域においても初めての試みであった。

第2に、アジア・太平洋地域の弁護士会の参加を促進するために、日弁連が加盟するローエシア（LAWASIA）の共催を得ることとした。ローエシアは、日弁連の申し入れ趣旨に賛同し、日弁連やICBと並んで国際刑事法セミナーの共催団体となった。

　そして最後に、拡大理事会とセミナーの翌日に、国際刑事手続の一日トレーニングが開催されることとなった。このトレーニングは、早稲田大学法科大学院から場所の提供を受け、ICBの研修チームが講師となって実施された。このセミナーには、これからまさにカンボジア特別法廷を担っていくカンボジア弁護士会などが参加し、きわめて時宜を得たものとなった。

　このような経緯で実現したICB拡大理事会であるが、この催しの準備過程は、日本がローマ規程への加盟を決定していく過程と重なることになり、拡大理事会直後の2007年7月、日本はローマ規程への加入書を国連に寄託することとなった。その意味においても、日弁連が準備開催したICB拡大理事会及び国際刑事セミナーは、日弁連が設定した課題の実現のために、非常に意義のある会合となったのである。

第2章

国際刑事法セミナーのプレ・シンポジウム

ICC規程への加入が国内刑事司法を変える!?

一井泰淳

1. プレ・シンポジウムの開催について

　2007年2月27日、「ICC規程への加入が国内刑事司法を変える!?」と題して、国際刑事法セミナーのプレ・シンポジウムが開催されました。この日は、くしくも、日本政府がICCへの加入を閣議決定し、記念すべき日となりました。

　プレ・シンポジウムは、国際刑事法セミナーにむけて、日本が加入するICCに対する関心を高めてもらう目的で開催されたものです。国際刑事法の研究には、重大な人権侵害を犯した者の不処罰を許さないという（国際的）正義の実現という面があるのは勿論ですが、刑事法に関する国際的な基準や動向を国内の刑事法分野に反映させるという側面があります。プレ・シンポジウムは、この後者の側面に焦点をあてて、我が国がICC規程に加入することが、国内刑事法にどのような変化、影響を与えるであろうかというテーマをとりあげたものです。

プレ・シンポジウムの冒頭では、私が、ICCの機構や手続などICCについて概括的に紹介し、続いて、フィリップ・オステン氏（慶應義塾大学専任講師〔現：准教授〕）が基調講演を行いました。オステン氏は、ニュルンベルク裁判コンプレックスから立ち直ったドイツが徹底して国内法を整備し、絶対的効力を認めるICCへの協力規定（犯罪人の引渡や移送）をつくり、詳細な「国際刑法典」を制定したことを紹介しました。

オステン氏の基調報告後、東澤靖氏（弁護士・ICB理事）の司会により、北村泰三氏（中央大学教授）、前田裕司氏（弁護士・日弁連刑事弁護センター副委員長）及びオステン氏をパネリストとするパネル・ディスカッションが行われました。国際人権法の専門家である北村教授は、我が国の刑事法において国際人権法が担ってきた役割などを解説された上で、ICC加盟が国内刑事法を変えていくことに対する期待を示されました。また、前田弁護士は、我が国の冤罪事件や無罪事件を紹介して国内刑事手続の問題点を厳しく批判し、ICC加入を契機として国内刑事手続法の改正も行うよう訴えられました。

プレ・シンポジウムは、午後6時から3時間にわたって開催され、約70名の参加者のパネリストに対する質疑応答もなされるなど、活発な議論が交わされました。

北村教授、前田弁護士の報告については、本書の第1部に譲り、本章においては、オステン氏の基調講演を紹介することとします。

2. 基調報告
ICCへの加入と国内法制への影響
――ドイツの経験から――
フィリップ・オステン氏（慶應義塾大学専任講師〔現：准教授〕）

1　ICCと国内法整備の意義

ICCの基本的な使命は、国際社会全体の関心事である最も重大な犯罪の訴追と処罰ということにあります。ICCは、数多くある国際犯罪のうち、ジェノサイド、人道に対する罪、戦争犯罪と侵略の罪という、いわゆる4つの中核犯罪（Core Crimes）についてだけ管轄権をもっています。

この管轄権の行使に関しては、「補完性の原則」が採用されています。つまり、ICCは、あくまでも国家の刑事管轄権を補完するものであり、犯罪が行われた犯

罪行為地国と被疑者の国籍国が訴追を行う意思あるいは能力を欠く場合においてだけ、例外的に、ICC 自らが管轄権を発動してその事件を取り扱うことができるわけです。ただ、このような場合でも、管轄権を有する第3国が訴追を開始している場合には、ICC は立ち入ることができません。言い換えると、ICC の対象犯罪の訴追は、第一次的には、ICC ではなく、従来どおり、各国の国内刑事訴追機関に委ねられているわけです。

　ICC の人的、物理的な処理能力には、限界があります。したがって、関係各国によって国際犯罪の訴追が行われるかどうかということは、ICC にとって、死活問題といってよいほどの重大な問題です。日本もやっと動き出したということが報道されていますが、ICC に加入しようとする国が、ICC に対して効果的な貢献を行うことができるか否かという意味では、国内法の整備というのは、ICC にとっても非常に重要な意味をもつわけです。

　さて、本日は、「ICC への加入と国内法制への影響――ドイツの経験から――」というテーマでの講演でありますので、主として、ICC への加入がドイツの国内法制にどのような影響を与えたのか、ドイツを例にとった法整備の紹介とその後の実務の現状をご紹介したいと思います。

2　ドイツにおける国際刑事法の受け止め方

　本題に入ります前に、ICC に加入するまでのドイツにおける国際刑事法に対する考え方とその変遷について概観しておきたいと思います。国際刑事法の発展史上、ドイツと日本は、いうまでもなく重要な役割を演じてきました。ニュルンベルク裁判、東京裁判を思い起こしていただきたいのですが、極端な言い方をしてしまえば、ドイツ人と日本人抜きには、今日の国際刑事法は考えられないという言い方もできるかと思います。実は、ドイツは、長い間、国際刑事法そのものに対して、極めて懐疑的な態度を示してまいりました。戦後のドイツでは、ニュルンベルク裁判をめぐる論議は、主として、この裁判の問題点、欠陥が中心になっていました。ドイツ連邦共和国ができた後も、世論の主流となったのは、ニュルンベルク裁判に対する否定的な論調でした。つまり、ニュルンベルク裁判の被告人たちは、連合国による「勝者の裁き」の被害者であったというふうに受け止められていたのです。その結果、ドイツ連邦共和国は、ニュルンベルク裁判で適用された法理を、国内法に受容しませんでした。

ドイツのこのような消極的な態度は、2002年まで続いており、ドイツ刑法の不備の要因にもなっていました。どういうことかと申しますと、国際法上のいわゆる中核犯罪は、ドイツの国内法上、ほとんど定めが置かれていなかったわけです。ジェノサイド罪については規定がおかれていましたが、戦争犯罪については特定の構成要件は存在していませんでしたし、人道に対する罪に関する規定もありませんでした。侵略の罪については規定がおかれていたものの、その適用は、ドイツ連邦共和国が関与するケースに限られていました。

　判例も、長い間、国際刑事法に一切目を向けていませんでしたが、1990年代に入り、やっと、ドイツ連邦通常裁判所が旧東ドイツの政府犯罪に関する判決の際にはじめて国際刑事法そのものに言及し、その処罰根拠としての正当性を明確に認めました。この判決に続いて、外国人によって外国人に対して外国で行われたジェノサイドの罪について、ドイツ刑法の適用を肯定した判決が出されたことは、注目に値します。この判決では、国際刑事法上の犯罪は、行為地国を超えて国際社会全体の利益を侵害するものであることから、これらの犯罪の第3国による訴追、処罰は、原則として、内政干渉の禁止、国家主権主義という国際法の原則に抵触しないこと、及び、ドイツによる刑罰権の行使は世界主義により正当化されることが確認されたわけです。

　ドイツは、このような流れを背景にして、ICC設立のためのローマ会議において、ICCの設立を強く求め、その早期設立に貢献いたしました。現在では、かつての国際刑事法に関する「ニュルンベルク裁判コンプレックス」とでもいうべき否定的な姿勢に代わって、国際刑事法の肯定、積極的な支持といった態度が顕著になってきています。

　今日のドイツは、国際刑事法の普及に貢献していると評価されており、このような積極的な姿勢は、後ほど詳しく紹介しますけれども、ドイツの国内法制においても反映されています。

3　ドイツにおけるICCのための国内法整備

　ドイツの国内法整備については、単に既存の法令が修正されただけではなく、新規立法も行われ、非常に詳細な規定がおかれたことがその特徴です。以下、手続法と実体法に分けてお話します。

(1) 手続法

日本人の皆さまは驚かれるかもしれませんが、ドイツでは、ICC 加入に当って、憲法が改正されました。ドイツ憲法である基本法の 16 条は、ドイツ国民の外国への引渡しを原則として禁じていたのですが、この条文が ICC 規程と適合しないということで、基本法 16 条にドイツ国民の国際刑事裁判所への引渡しを許容する規定が追加されました。

次に、ICC の管轄に属する犯罪の捜査のための司法共助に関する法令の見直しが行われ、「ICC 規程を施行するための法律」が制定されました。この法律の大部分を占めるのは、第 1 章におかれた新法「国際刑事裁判所との協力に関する法律」(国際刑事裁判所法) です。この新法は、捜査協力、刑罰の執行について、ICC に国内裁判所とほぼ同等の権限を与えるものです。勿論、ドイツにも、従来から国家間の刑事司法共助についての法律はありました。しかしながら、新法は、従来の国家間の水平的な共助とは異なり、ドイツの主権の制限を含む垂直的な、つまり ICC の要請に対して政府に諾否の裁量が許されない、ほぼ絶対的な協力関係を定める点にその最大の特徴があります。

この法律では、被疑者の引渡し、移送、通過護送など様々な協力形態に関する規定が詳細におかれています。たとえば、被疑者、厳密に言うと被移送者が、自ら弁護人を選任しない場合、遅くとも最初の聴取・尋問の後に裁判所が職権で弁護人を付さなければならないとされています (国際刑事裁判所法 31 条)。つまり、一種の新しい「国選弁護」制度が実現したのです。弁護人の費用についても、これに応じて、ドイツの弁護士法が改正され、ICC に関する手続は、一種の必要的弁護事件として扱われることになりました。

また、ICC の要請によって他国によって ICC に引き渡される者を自国の領域内で通過させる通過護送という制度では、被護送者を、一旦、自国の領域において拘束することになりますが、ここでも弁護人の立会いが予定されています。

(2) 実体法

ドイツでは、ICC 規程の犯罪構成要件と現行刑法の犯罪構成要件の整合性を保ちつつ、ICC の対象犯罪の国内法上の犯罪化を実現するために、2002 年に「国際刑法典」が制定されました。ICC 規程を批准した以上、この規程の補完性の原則に従って、ドイツの国内裁判所が、ICC 規程による国際法上の犯罪を ICC

と同じように訴追、処罰できるように立法措置が講じられたわけです。

　たとえば、ドイツでは、人道に対する罪に相当する構成要件は、以前は、存在していませんでした。もっとも、殺人罪、傷害罪、監禁罪、強姦罪などの従来の犯罪として、人道に対する罪をある程度処罰することは可能であったわけですが、人道に対する罪に内在する法概念の国際法上の特殊性が十分に反映されていなかったわけです。つまり、殺人、傷害などの個々の犯罪行為が、組織的な攻撃の一環として行われること、そういった攻撃を行う国家もしくは組織の政策に従って行われること、そういう意味での行為の広範性と組織性に人道に対する罪の本質が求められておりますが、刑法では、人道に対する罪の個々の行為を超えた、組織的な性質による不法の重大性は把握されていないわけです。したがって、ICC規程を受けて、「国際刑法典」に、人道に対する罪という新たな構成要件を創設しなければならない、というふうに考えていたわけです。

　同様に、戦争犯罪についても、人道に対する罪と同様に、従前の刑法には、戦争犯罪の多様な構成要件が部分的にしか含まれていませんでした。戦争犯罪という不法形態の独特な性質、つまり個々の行為の武力紛争との関連性といった性質は刑法ではカバーされていませんでした。立法者は、このギャップをなくすために、新たな構成要件を創設したわけです。

　なお、ICC規程には、刑法総則的な規定が数多くおかれています。従来の国際刑事法における刑法の一般原則は包括的で、かなり曖昧だったのに対して、ICC規程ではかなり詳細な規定が設けられており、このこと自体は画期的な進展として評価できます。もっとも、ドイツでは、ICC規程の総則的部分に対応するための国内法の改正は行われませんでした。ICC規程の総則とドイツ刑法の総則を比較してみると、およそ考えられるほとんどの事案においては、実質的な違いが生じることはないであろうことと、法的安定性の観点からも国内刑法の総則規定を変更することは望ましくないということから、ドイツの立法者は、法改正を見送ったのです。

4　ICCに関するドイツの現状

　「国際刑法典」をはじめとする国内法整備から既に4年半が経過し、国際刑法典の対象犯罪について、同法典が定める世界主義に基づいて、刑事告発、告訴など100件以上が、これまで連邦検察庁で受理されています。しかしながら、正

式な捜査手続は、まだ一度も開始されておらず、全件について捜査不開始が決定されています。したがって、裁判所に係属中の事件はありませんし、国際刑法典が適用された事例も一つも存在しません。その理由としては、いくつかあると思うのですが、まず、国際刑法典施行前の犯罪は対象にならないということがあるかと思います。たとえば、アフガン戦争は対象とはならないわけです。もうひとつは、たとえば、アメリカのブッシュ大統領を、イラクにおける戦争犯罪で告発する動きもあったのですが、この場合には、国際法上認められた特権免除違反のおそれがあることを理由に、訴追は開始されませんでした。さらに、もっとも決定的な理由としては、事件がドイツと関連性を有することが、実務において、要件とされていることがあげられます。たとえば、イラク戦争における捕虜虐待を理由とした刑事告発は、ドイツとの関連性がないということで、捜査手続は開始されませんでした。

このように、ドイツでは、ICC規程の対象犯罪を適切に訴追するための法的な前提条件がすべて整えられたわけですが、適用事例はただの一つも存在しません。こういう状況に対しては、「象徴的立法」だというような批判もなされています。他方で、ドイツの包括的な国内法整備は、国際人道法の普及に寄与するものであるという積極的な評価もなされています。

5　ICC加入は国内法制を変えたか？

今まで述べてきたことからすると、ドイツのICC加入は、ドイツの刑事法を変えたけれども、今のところ、刑事司法を変えるには至っていないということができるかと思います。また、ドイツでは、ICC加入をきっかけに国内刑事手続を抜本的に見直そうという議論は起きませんでした。これは、日本とドイツでは、国際刑事手続法や国際人権法の観点において、環境が全く異なっているということに起因していると思います。

ドイツは、日本と同様に、自由権規約などの人権条約に加入しており、その「直接適用性」とか「裁判規範性」についての議論も同様にあるわけですが、より決定的な影響を及ぼしているのは、欧州人権条約です。特に、欧州人権条約6条が定める被疑者・被告人の権利は、欧州人権裁判所によって、強力に保障されており、ドイツ国内裁判所も、この欧州人権裁判所の判例からかなり強い影響を受けており、刑事訴訟法が改正されたことも既に何度かございます。このような状

況にあったドイツの立場からICCの手続規定をみると、日本の立場から見るのと比べれば、目新しいものがそれほど多くはなかったのかもしれません。

　しかしながら、ICCの刑事手続に関する規定の中には、参考になるところも少なくないように思われます。2点だけとり上げたいと思います。

　まず、ICC規程は、捜査段階における被疑者の権利、公判段階における被告人の権利について詳細な規定を置いていますが、このこと自体、今までの国際刑事法廷と比較して、画期的な出来事として評価することができます。これらの権利は、国際人権基準と合致しておりますし、それをはるかに超えている部分もあります。たとえば、捜査段階において、弁護人の立会いの下で尋問を受ける権利が規定されていますが、ドイツの国内刑事手続においては、捜査段階から国選弁護人を必要的につけることは、重大犯罪など極めて限定的な場合にしか認められていないわけです。この点、ICC規程に対応するためにつくられた弁護人に関する「新規立法」（上述のドイツ「国際刑事裁判所法」31条参照）は、ドイツの刑事司法全体の改革の方向性を示唆しているようにも思われます。

　また、ICCの裁判所規則に基づいて設置された弁護のための公設弁護士事務所というのがありますが、これは、刑事手続の早期段階、弁護人選任前から被疑者・被告人の代理や支援の業務にあたるものとされています。ドイツではこのような制度はまだ存在しておらず、今後、国内の刑事手続を見直す際には、大いに参考になるものであるように思います。

6　おわりに

　以上みてまいりましたように、ドイツのICC加入による国内刑事司法制度に対する影響は、未だ限定的なものといわざるを得ませんが、今後のICCの実務の運用次第では、影響力を増すことが十分に考えられます。

　本日、ICC加入を閣議決定した日本政府については、今までの国際刑事法、国際人道法に対する漠然とした抵抗感、言い換えれば、「東京裁判コンプレックス」ともいうべきものですが、これを一刻も早く克服して、ICCへの加入をきっかけにアジアのリーダーとして、国際刑事法、国際人道法のさらなる普及のために、責任をもって取り組んでいただきたいと思っています。このような日本の新しい姿勢が、国内刑事司法の改善と発展にもつながっていくのではないでしょうか。

　また、我々研究者としては、まず、日本において、国際刑事法という分野を、

学問領域として確立していく必要があると思います。つい数年前まで、たとえば私が所属している刑法学会では、はたして国際刑事法なんていうものは存在しうるのかという疑念を持っている人が非常に多かったのです。国際刑事法は、ユートピアにすぎない、虚構であるというような考え方をもっている方がいっぱいいらっしゃったわけです。しかし、日本が ICC 加入を決めたことによって、日本でも国際刑事法が実際に存在しており、適用されうるものだという認識がこれからは広まってゆくことになるでしょう。今後、国際刑事法の諸問題に取り組むことによって、国内・国際を問わず、究極的には「法の支配」に、学問の側から寄与していくことが必要だと考えています。そのためには、国際刑事法のプロを養成していくことが、日本とドイツの共通課題の一つではないかと思います。

(いちい・たいじゅん)

第3章
ICC、ICB、ローエイシア、アジア・太平洋地域の法曹との懇談会

鈴木敦士

1. はじめに

　このセッションでは、まず、鈴木五十三日本弁護士連合会国際人権問題委員会委員長から挨拶があり、ICC、ICB、ローエイシアの三者から発言がありました。ICC からは、ICC 設立の経緯とアジアの国々の参加を期待する発言がされました。ICB からは、ICB は司法の独立を守り、国際刑事裁判が被告人の権利が保障され公平なものになるようにすることを目指しており、そのために、弁護士の利益を守ることが必要で、国際刑事裁判にかかわる弁護士、各国の弁護士会が結集して、ICC に意見を言っていくべきであるということが強調されました。ローエイシアからは、ICC が政治的に訴追するのではないか、ICC の管轄が包括的で広すぎるのではないか、あるいは、組織犯罪などが含まれていないなど狭すぎるのではないか、裁判官の適切な選任など、ICC の設立の過程で存在したさまざまな懸念にふれ、ICC 設立までの議論や、ICC の実践の中で解消しつつあることが紹介されました。これらの発言を受けて、各国の弁護士会からは、出身国の政治状況、歴史的経緯に根ざした ICC に対する見方が述べられ、興味深いものでした。

韓国からは、過去に戦争で大きな被害を受けたことから、ローマ会議で積極的な役割を果たしており、早期に批准し判事を出すなど積極的に貢献しており、国内で包括的な実施法を策定しようとしていることが紹介されました。ネパールからは、現に紛争を抱えており、ICCが抑止力として働くことを期待する発言がありました。カンボジアからは、過去にICCが対象とするような重大人権侵害があり、その苦しみのなかにいること、そして責任者を処罰すべく特別法廷が設置されており、ICCの規則やその運用がモデルとして重要であり関心を持っていることが紹介されました。日本からは、国際刑事裁判を受けた経験を踏まえた発言がありました。特に、極東国際軍事裁判については、天皇の責任の取り扱い、BC級戦犯に冤罪があることなどから、裁かれるべきでない人が裁かれ、裁かれるべきである人が裁かれなかったという批判があるということが紹介され、国際刑事裁判のあり方について、課題を示すものとなりました。また、国内の刑事法制の改善を目指す動きとの関係についても触れられました。

　その後ソン判事からは、このような多岐にわたる報告を踏まえて、さまざまな疑問について応えるべく運営をすることに努めてきたこと、ICCの理念を達成するために、世界中の国が加盟することを目指しており、とりわけアジア地域での批准の促進のために努力したいということが語られました。

　質疑応答では、武器対等の原則が確保されていないと考えるICBのメンバーとICCとの間で議論があったことが特徴的でした。

2. ICCの概要およびICCからアジアへ期待すること
ディディアー・プレイラ氏（ICC被害者及び弁護人部部長）

1　簡単な国際刑事裁判所についての紹介

　1998年7月17日の外交官会議においてICC規程が採択されました。しかしながら、こういった考え方は昔からありました。第二次大戦後、東京裁判、ニュルンベルク裁判という2つの特別法廷が設立されましたし、その後、国連においてさまざまな努力を行い、そしてこのような特別裁判の努力を継続しようとしました。しかしながら、冷戦のため、そういった努力は成功しませんでした。冷戦後になると、ルワンダと旧ユーゴに関する特別法廷が設立されました。このような臨時の国際法廷が設立されたことによって、普遍的な管轄権を有する裁判所の設立が目指

されたのです。ただし、ICC は、対象犯罪を限定しており、基本的に締約国の国民、あるいは地域を対象とし、あるいは、国連安保理からの付託案件を扱うことになっており、その権限は限定されています。

なお、国連と ICC は多方面で協力を行うことになっており、ICC 規程2条により、ICC と国連は 2004 年 10 月に協定を結んでいます。

2　アジアへの期待

捜査あるいは裁判を行う際に、国内の当局だけでは不十分な場合に、ICC がそれを補完して裁判を行うことになりますし、また、ICC の捜査・裁判には、多くの国々からの協力、支援が必要です。締約国の地域別の比率をみると、アジアの国々が十分に参加していないと思われます。アジアは世界の中でも最も人口の集中した大陸であることを考えると、アジアからの参加は重要であり、参加を強く要望します。

3.　ICB の概要と ICC における役割
エバハード・ケンプ氏（ICB 共同会長）

ICB は国際的な法曹界の共同体を結集するために作られたもので、個人のまたは団体のメンバーとともに協調して行動していき、法曹界を3つのレベルで代表していきたいと考えています。

第1に弁護士会の創設であり、真に独立した司法、法曹界の発展です。これは特に国際的な司法体系と手続の中での独立性を確保するものです。

第2に ICB は、国際的な司法の共同体の利益、そしてまたその弁護士の利益を守っていきたいと考えています。そのためには、この ICB は、例えば、さまざまな弁護士の法廷での実践のルールの制定に参加し、また、弁護士の選択の自由を守り、武器対等の原則を守ろうとしています。そして、法廷を前にしての弁護士の仕事をスムーズにし、さまざまな裁判所の組織、部門とのコミュニケーションをスムーズに図るようにしています。さらには、法廷における弁護士の知見や能力を高めるように働いています。

第3に ICB は、すべての開かれた価値のある訴訟というのは、公平で、また公正であらねばならないと考えています。刑事法体系の基礎というのは、裁判官、

検察官、そして弁護士の独立した3つの柱からなっています。この3つの柱の1つである弁護士を代表していくものです。

世界中のさまざまな経験を結集し、そしてまた、国際刑事法廷に対して、また締約国会議に対して声を1つにして話せば、そういうことが可能になると考えています。

4. ローエイシアからの報告
ゴードン・ヒューズ氏（ローエイシア前会長／同人権委員会議長）

1998年7月、ローマにおける会議では、120の国が常設の国際刑事裁判所の設立に賛同しました。これは、ICCに対して普遍的な支持があるということを示しています。

当初、ICCの設立について、イスラエルなど一部の国々からは懸念が表明されていました。このICCというのは政治的に利用されてしまう、政治の道具になってしまうのではないかという懸念でした。米国も米国の軍人が政治的動機に基づいて訴追されるということを恐れています。しかし、これまでの実績を見れば、それは根拠のない懸念であることが判明すると思います。

また、ICCに反対する人たちは、アカウンタビリティーに関しても懸念を表明しています。しかし、ICCの予算というのは、最終的には締約国の分担金によるもので、締約国会議で決められます。国際社会がICCを見て、ICCが司法的な機能を十分に履行していないと考えるようになるならば、締約国会議でICCに対する予算を削減するという形での管理ができるのです。

ICCは国連から十分に独立しているのか、あるいは独立する必要があるのかという問題も出てきました。安保理は事件を付託することや（規程13条）訴追や捜査の延期を要求すること（規程16条）ができるからです。

また、ICCが締約国の国民に対して絶対的管轄権を行使するということについても懸念が表明されています。しかしこの批判というのは、根拠がないものです。なぜなら、基本的に、ICCは国際法の2つの管轄の原則にのっとっています。1つは領域に基づく管轄、もう1つが実効的国籍に基づく管轄です。そして、国内の法廷を補完するように位置づけられています。

ICCの対象犯罪についてもいろいろな議論があります。「人道に対する罪」とい

うのは、多少議論になる言葉であり、例えば1回の行為で、これを人道に対する犯罪と言えるのかという疑問も呈されてきました。しかし私は、単一の行為であっても、幅広い組織的な攻撃の文脈に関連づけられるならば、それは人道に対する犯罪とすることができると考えています。また、対象犯罪に、国境を越えた組織犯罪、とりわけ薬物の密輸などがカバーされていないという批判があります。オーストラリアの学者の中には、人道に対する犯罪の中には、特に女性や子どもなどの人の密輸、その中でも重大な例に関しては含まれるのではないかという主張もあります。しかし、現実的には、このICCの管轄権としてそこまで及ぶということは、解釈として成り立たないだろうと思われます。

　適任の裁判官を確保するということは、常に重要なテーマです。そして、十分に幅広い加盟国から適切な男女比を維持して選任されるかということについては、アムネスティ・インターナショナルとともにオーストラリア弁護士会も懸念を有しています。

　ICCの手続規則は、非常に高度な証拠の採用ルールを設定していて、オーストラリア自身の司法制度の水準相当、あるいはそれ以上のものであると評価されています。

　このようなことから、手続や管轄に関しての留保や誤解というのは、この裁判所が守ろうとする、より高次の原則のために乗り越えられるものと考えられます。

5. アジア各国の弁護士会代表者からの報告
各国におけるICCおよび同裁判所で取り扱われる各課題についての現状・発展

1　キム・ボンス氏（大韓弁護士協会国際関係担当理事）

　私は、韓国政府がICCに積極的な考えを共有するグループの国々の一員となり、ICC規程をその創設時から締結に向けてリーダーシップを発揮したことに誇りに思っています。そして、最近の苦い歴史を見ても、韓国としてはやはり個人の刑事責任を取り扱う国際的な法廷を創設すべきだと思ってきたのであり、そして国際社会として正義を追求すべきだと考えています。韓国政府は、ICCの管轄権の設定方法について、議論が暗礁に乗り上げている際に、裁判所の管轄権を実施する前提条件について新たな提案をしました。そのようなことがあり、国際社会とし

てはデッドロックを克服し、そしてICC規程を締結する議論へと向かうことができたのです。韓国は、東アジアにおいては初めて、ICC規程を批准した国となったのです。

　また、韓国政府としては、国際刑事裁判所が管轄権を有する犯罪についての処罰法を、韓国の国会に上程しております。この法案では、韓国の法廷の管轄権に関する条項が含まれており、中核的な犯罪に対して普遍的な管轄を定めています。またその犯罪の定義、二重の処罰の禁止、中核的な犯罪についての時効の不適用、上司の命令のあつかい、そして公正な裁判のほか、被害者の保護といったものが網羅されています。ところで、二重の処罰の禁止は、韓国の司法において新しい概念であり、従来の韓国の刑法の理解に基づくと、あくまでも判事の裁量権の対象となっているので、さらなる議論が必要だということで、法曹界の関心の的となっています。いろいろな評論がされており、二重の処罰の禁止に関する条項案というものは、かつて罪に問われて裁判を受けた人は2度と裁判を受けることがないということであると、その責任に関して処罰を免れる人間が出てくるのではないかということが問われています。

　また、法案の中での死刑を規定するかどうかも、さらに議論する必要がある点です。また、この法案の中において、より包括的な形で中核的な犯罪に対する被害者の保護を設けるべきであり、また、彼らが司法手続に十二分にアクセスできるようにしていかなくてはならないと考えられます。

2　ビシャワ・K・マイナリ氏（ネパール弁護士会会長）

　ICCの議論をする前に、まず、簡単にネパールの状況を説明したいと思います。ネパールの刑事司法制度ですが、平和と安定を維持することを目的とし、犯罪者を処罰し、そして更生するということに力を入れています。また、刑事司法制度の中で、被害者に目を向ける必要があるというふうに考えています。ネパールが現在直面している問題について触れます。毛派が武装闘争を96年に開始して以降、状況が悪化し、1万6,000人の生命が失われているということです。国家人権委員会などの報告によると、1,500人の政府職員が行方不明になっており、市民の間でも400人以上が行方不明になっているとしています。国内退避民も20万人にのぼっているという状況です。毛派と政府の間の停戦後も、2001年ころから問題が再燃し、2001年にビレンドラ国王が死亡しその後ギャネンドラが王位につい

たのち、和平合意は相互の不信の中で 2003 年に崩壊し、死傷者の数は増加しました。2005 年 2 月国王は、首相と全閣僚を解任し、直接統治を宣言し、民主的な政党、マスコミ、市民社会に対して弾圧を行いました。その後、独裁制終了が合意され、毛派も含めて将来の政治の形が検討されることになりました。

　私は、特別な権利を主張する王政と、人民に基づく憲法の間には、矛盾があるというふうに感じています。王は自らの権力のほとんどを停止しましたが、憲政会議の制定を待っている状況です。いろいろな民族的な対立が続いておりまして、状況は非常にぜい弱です。このような中で、現在ネパールには約 2 万人の弁護士がいますが、1 万人以上の弁護士が避難民となっています。残りの 1 万人の弁護士が実際に稼動していますが、フルタイムで稼動している人は 5,000 人未満と考えられます。もっとも、カトマンズは安全であり、観光には影響がないことは強調しておきたいと思います。

　ICC に関して個人的意見を述べると、5、6 件しか、実際には裁判になっていないところは問題であると思います。そして ICC の対象犯罪は独裁者によって行われるのであり、独裁者はこのような条約を批准したがらないから、このプロセスというのは非常に時間がかかる。資金もかかり、われわれのような貧しい国にとっては非常に困難なものであります。しかし私自身は、ICC を高く評価しているので、会長に選任されて以来、ICC 規程を批准するように、政府・国会に要請しています。ICC は少なくとも、心理的に独裁者に対して圧力を加えることができるのであり、世界のいろいろな独裁者に対して抑止力となることを期待しています。

3　ブン・ホン氏（カンボジア王国弁護士会前事務総長）

　ICC に関して、幾つか特徴的なことについて見解を述べたいと思います。まず、ICC は恒久的な常設裁判所であり、ニュルンベルク、あるいは東京といった国際法廷とは性格を別にしています。また、ICC には不遡及の原則があります。しかし、国際社会全体の懸念事項である深刻で凶悪な犯罪に対して処罰しようというものであります。特に当該国がそれをなしえないときに、ICC は登場します。国家が自主的に重大犯罪を裁く責務を受け入れ、ICC と協力するということによって、いわば、きわめて重要な予防としての役割を演じることができうるというふうに思います。

　ICC 規程は 60 カ国目が批准することによって発効したのですが、60 カ国目はカンボジアでした。カンボジアの国民は、ICC において積極的な役割を演じるに

当たって、しかるべき理由があるというふうに考えています。すなわち、私どもカンボジア人は、今日において ICC が懸念としているようなあらゆる犯罪をクメール・ルージュ時代に経験してきたのであり、その痛みを、今なお忘れることができないのです。これらの犯罪の苦々しい経験、また、私どもの社会としてはその結果といったものを、背負っており、今なお、苦しみのさなかにいるのです。

　クメール・ルージュによる重大人権侵害を裁くカンボジア特別法廷（ECCC）というのは、国の法廷としては新たな特徴を持つものであり、その中では国際的な参加が見られます。ICC 規程は、これから国際的な法廷が遵守すべき最も包括的な基礎を構成するものだというふうに考えています。その存在そのものこそが、より正義をもたらすと同時に、安心した環境を整備するのに資するというふうに考えています。

4　中村順英氏（日本弁護士連合会 ICB 拡大理事会等実行ワーキンググループ座長）

　日本が ICC 規程に加入するに至った経過、それに向けた日弁連の取り組みを中心にご報告します。

　1998 年 7 月に ICC 規程が採択されたときに、日本は賛成した 120 カ国の 1 つでした。しかし、今回の加入に至るまで 9 年の時間がかかりました。政府は、ICC に賛成はするけれども、国内立法の準備が難しい・時間がかかるというような説明をしてきました。日本では、早期の加入を求める運動が弁護士、あるいは学者、市民団体、NGO などによって展開されてきました。何がその障害だったのかというようなことについて、分析してみたいと思います。

　第 1 は、東京裁判を含む一連の極東軍事裁判の後遺症というようなものが、やはり日本にはあったと思われます。それもいくつかの側面があり、まず 1 つには、第二次世界大戦中の日本軍の残虐行為に対する責任を認めようとしない人々が、日本に厳然として存在してきたということです。しかし、それだけでなく、別の意味の極東軍事裁判への不信から、当初、ICC にやや疑問を持ち、懐疑的で慎重な態度を取った人たちがいるのです。彼らは、東京裁判の訴追は、例えば朝鮮半島に対する日本のさまざまな残虐行為や中国での問題等は結局、極東軍事裁判では裁かれなかった。いろいろな議論がありますけれども、天皇、あるいはその他、裁かれるべき人々が訴追をまぬがれて、その後、多くの人たちが日本の政府の中心などにも復帰した。その一方で、B、C 級戦犯といわれて処刑された人々の中

には、多くの冤罪も含まれていると考える人たちもいました。

第2は、日本はやはり米国の意向ということも踏まえて、米国が反対の態度を取っているということの影響があったということが否定できないだろうと思われます。

第3は、本質的なことではないとしても、日本の国家財政が赤字の中で、財政負担がかなり大きくなるのではないかという懸念があったことが挙げられます。

第4には、これが最も本質的で深刻な問題かもしれないが、日本の国民の、ICCというようなシステムに対する無関心がありました。日弁連は他のNGOとともに長く地道な活動を続けてきました。まず、私たちが行おうとしたことは、まさにこの、知られていないということを克服するために世論を喚起するということでした。また、ICCの刑事手続は、英米のコモン・ローと大陸法のミックスであると言われますが、日本のものとあまりにも異なったところが多く、日本の多くの弁護士にとっては理解が難しく、当初は違和感があったということも否定できないと思われます。しかしながら、徐々にICCの手続が、被疑者、被告人の防御権の保障、あるいは武器対等の点などにおいて日本の刑事手続よりも進んだ点も多く、これに参加していくということが、国際的な人道に貢献していくというだけでなく、国内の刑事手続の改革ということにもいい影響を与えるのではないかということが理解されてきたのです。そして、世界は軍事行動ではなくて、独立した恒久的な刑事裁判を必要としているということを感じ始めたわけです。日弁連が政府に対して正式にICCへの加盟を強く求めたというのは、2002年のことでした。その後、ICBの創設メンバーになっていったのです。

今後について、いくつか問題を提起したいと思います。

第1に、私どもとしては、加盟に際する今回の法整備で十分なのかというようなことも検証していかねばならないし、それを通じて、これを国内の刑事手続に生かしていくという活動が、必要です。

第2に、日本がICCに具体的に貢献していくように、被害者基金等に有効に参加していくための道筋をつけていくというような活動もしていかなければなりません。

第3に、韓国のソン判事のように、日本からも、能力のある法律専門家がICCで具体的に働いていくということにも努力していく必要があります。

6. ICCからのコメント
ソン・サンヒュン氏（ICC上訴部判事）

　まず、日本の貢献について、日本がICC規程に加盟するという決定をされたということは、非常に重要な例となり、アジア太平洋地域のほかの国々にとどまらず、世界全体のいろいろな国々に刺激を与えることとなると思います。しかし、それでも、わたしが所属するアジアというこの地域では、13カ国しか加盟していないという状況なのであり、わたしも、また日本も、このアジア諸国の加入促進に向けて行動していかなければならないと思います。

　エバハード・ケンプ氏の話には全面的に賛成であり、弁護士会あるいは弁護士というのが、ICCの独立性のために必須の第3の柱であるということは、私もそのとおりであると思います。財政的な貢献について補足すると、各加盟国の義務として、ICCに関して分担金を負担しており、加盟国の分担金の分担率決定方法は、国連のルールに準拠しています。国連のこの分担率決定のルールに従えば、日本が今後は最大の負担をするということになります。国連との関係について補足すると、非常に詳細に関係を規定する協定がありますが、ICCは国連のシステムの外にあるわけです。そして、これについては、わたしはどう解釈するかといえば、これはICCの独立性を担保する、非常に前向きな側面であるというふうに考えています。

　ネパールのビシャワ・K・マイナリ氏は、「ICCというのは、非常に時間とお金がたくさんかかる仕組みである」しかし、「ICCというのは、世界各国の独裁者に強いメッセージを送るものだ」とおっしゃいましたが、わたしもその意見に賛成です。

　ICCの制度が政治的に利用されるのではないかという恐れが存在しているということも認識しています。数年間、ICCの運営をしてきて、このような多くの批判的な意見、懐疑的な意見は効果的に否定された、そしてこのようなものは消失したというふうに考えています。そのような批判、そのほかの障壁をすべてなくすことができるように、これからも努力をしたいと考えています。そして、われわれは、さらなる努力をし、多くの国がICCのシステムに加入してくれるように努力を倍加しなければなりません。将来的には、世界のすべての国がICCに加入しているという状況になれば、ICCの管轄権というのは実際に普遍的なものになるわけです。全員が、その目標に向かって努力をしていきたいと考えています。

7. 会場との質疑応答

　武器対等に関し、今なお弁護側に対して、資源が十分に与えられておりませんが、どのように考えているのかという質問がなされました。
　これに対して、ソン判事からは、ICC の場においても、いろいろと検討され、そしてアドホック会議において、特に上訴部においても検討されました。武器対等とは、裁判部・弁護士・検察官の資源の平等は意味しないのです。しかし、訴訟の公正ということを考えれば、当然武器の同等ということが絶対必要です。検察官の果たす役割というのは、当然、弁護人とは違います。そして、検察官の任務は、弁護人よりもずっと範囲が広いことがあります。したがって、武器対等ということを考えれば、それは資源を完全に平等にするということではないのではないでしょうか。資源の平等を目指すのであれば、かなり時間がかかるのであり、現実的にこの問題を考えなくてはいけないということを強調したいと考えています。たしかに、国際刑事裁判所において、当然弁護人も同等な資源を享受することによって、十分な弁護ができるのです。したがって、資源が平等になるようにわれわれも努力を重ねます。したがって、弁護人が同等の資源を得るということによって、それが裁判の公正性に弊害をもたらすものであってはならないということであります。いずれにしても、これは、非常にデリケートな問題であると言わざるを得ないとの返答がありました。

（すずき・あつし）

第4章

国際刑事セミナーの基調報告

ICCにおける武器対等原則と被害者

宮家俊治

1. ICC における武器対等の原則
ソン・サンヒュン氏（ICC 上訴部判事）

1　武器対等原則の位置付け

　武器対等原則は、ICC 規程、手続及び証拠規則または裁判所規則においても、また自由権規約や欧州人権条約といった国際人権条約においても、さらには旧ユーゴ国際刑事法廷やルワンダ国際刑事法廷といった特別法廷を設置する条約においても、いずれも直接的に規定されているものではない。しかしながら、いずれの場面においても、被告人の公正な裁判を受ける権利の条件または要素として、武器対等原則は重要な内実を構成している。例えば、規約人権委員会におけるウルフ対パナマ事件、欧州人権裁判所におけるブルート対オーストリア事件の判断において示されてきた如きである。

　武器対等原則をいかに解釈するかという点については、管轄や法体系に相応して若干の相違が認められる可能性はあるが、その核心は手続過程で当事者に平

等な機会を付与すること、個人または弁護人を介し裁判所に申述する機会を保障すること、さらには当事者間に均衡を図ることにある。

　武器対等原則は、ICC の手続の全てに、すなわち、予審段階、裁判段階及び控訴段階の全てに及ぶものであり、公正な裁判の原則（67条1項本文）と密接に関連し、かつ相互に依存しあう関係にある。

2　武器対等原則の具体化

　武器対等原則は、①被告人の法廷に出廷する権利（67条1項(d)、63条）、②被告人の優秀な通訳人を無償で提供してもらう権利及び裁判所に提出された文書を翻訳してもらう権利（67条1項(a), (f)）、③被告人の自らまたは弁護人により証人を尋問する権利（コモン・ロー体系に馴染む。）及び裁判所により尋問してもらう権利（大陸法体系に馴染む。）（67条1項(e)）、として具体化している。

　武器対等原則あるいは公正な裁判の原則は、さらに、④被告人の証人の出頭を求める権利として具体化されるが（67条1項(e)）、この点については国際刑事法廷という特殊性を如何に考慮するべきかという困難な問題が横たわっている。この問題について、ICTY 上訴裁判部はタジッチ事件において、国際法廷では、武器対等原則は国内法廷で通常認められているものよりもリベラルに解釈されると判断したのであるが、果たして ICC 裁判部が如何なる対応を取るのか今後の動向が注目される。

　武器対等原則あるいは公正な裁判の原則は、また、⑤被告人の弁護人を依頼する権利としても具体化されるが（67条1項(d)）、ICC における事件が重大で複雑であり証拠も極めて雑多で大量に及ぶことから、この権利は国内法廷におけるよりも必要性が強く、十分な経験を有した適格で有能な弁護人を確保する重要性が高い。そのため、ICC 書記局では、弁護活動の質を担保するため、適格な弁護人のリストを整備し、被告人がリストの中から自由に弁護人を選択できるという便益を供している。くわえて、書記局は、裁判に出廷することを予定している全ての弁護人に対し、裁判所の情報を提供し、過去の裁判例について報告することも要請され、これにより武器対等原則を確保することになるのである。また、ICC では、弁護人依頼権を強化するため、手続及び証拠規則に基づき公設弁護人事務所が設けられ、同事務所は書記局の中の独立した機関として位置づけられ、弁護人に対する援助を行うこととされている。もとより、被告人は、自ら弁護人を雇うだけ

の資力を有していない場合には、無料で法的な支援を受ける権利が認められ、この支援の中には弁護人の報酬のみならず助手やスタッフの費用を含み、さらに証拠の収集・管理の費用、翻訳・通訳の費用、旅費・日当にまで及んでいる。

武器対等原則あるいは公正な裁判の原則は、⑥被告人は防禦の準備をするための適切な時間または便宜を与えられなければならない（67条1項(b)）、⑦被告人が容疑の性質、原因、内容について詳細かつ迅速に情報を十分に理解する言語で与えられなければならない（67条1項(a)）、として具体化する。また、ICC規程及び手続及び証拠規則のもとでは、⑧検察官は予審または公判審理に提出することを予定する証拠を弁護人に開示する義務を負担している（61条3項、64条3項(c)）。さらに、⑨検察官は捜査の過程で発見した無罪を証する可能性のある証拠も開示する義務をも負担しているが（67条2項）、証人、被害者及びその家族を保護する必要がある場合または継続的な捜査に支障がある場合には裁判部の決定を受けてこれを開示しないこともできる（68条5項）。このように一定の例外は許容されているものの、検察官が客観的な捜査義務を負担しているということは、国際法廷における弁護人制度の構造的な問題を是正すること、すなわち弁護側の捜査能力の人的及び物的な資源の少なさから帰結される限界を、検察側の資源を利用することにより補完することを予定していると捉えることもできるのである。くわえて、ICC規程は、⑩弁護人による独自の捜査活動を許容するものであり、人的・物的な資源に限界があるのであれば、予審手続の中で弁護人の要請に基づき証拠を入手するという方法も実現可能性があると考えられる。

3　被害者参加と武器対等原則

ICC規程は、被害者の手続参加を制度化し、被害者公設弁護人事務所を創設したのであり、国際刑事法の進展を図ったということができる。しかしながら、その反面において、被害者が弁護人を通じ被告人の処罰の意思を表明するということは被告人の権利に重大な障害を与えるのではないか、被告人は検察に対するとともに被害者に対しても異なった防禦活動を二重に展開せざるを得なくなり不公正ではないかという問題が生じる可能性がある。この問題については、単純な解答はなく、今後のICCの実践において、具体的な手続の中で、規約人権委員会や欧州人権裁判所の判断も参考にしつつ、被害者参加と被告人の基本的な権利の擁護との均衡を図りながら個別に判断していくよりないのである。

2. ICCにおける被害者
ディディアー・プレイラ氏（被害者及び弁護人部部長）

1 被害者の手続参加

ICCは、これまで特別に設置されてきた国際法廷とは異なり、検察と被告人・弁護人に加え、被害者を代理する弁護士による手続への参加を認める。すなわち、裁判所は、被害者の個人的な利益が影響を受ける場合には、被告人の権利及び公平かつ公正な公判を害さず、これらと両立する態様で、当該被害者の意見及び懸念が提示され検討されることを認める（68条3項）。

2 手続と課題

(1) ICC規程及び手続及び証拠規則によると、被害者が予審裁判所に出廷し発言することが想定されている。被害者は、裁判所が管轄や受理許容性を検討している時に、または、犯罪事実を確認するための審理をしている時に、意見を表明することができる。

(2) 被害者が公判裁判所で意見を表明した場合、この情報にいかなる地位を与えるべきであろうか。これを罪体立証のための実質証拠として利用できるのか、この場合が68条第3項の規定する「被害者の個人的な利益が影響を受ける場合」に該当するか否かについては、今後のICCの実践の中で確立する必要がある。

(3) 裁判所が被害者の公判審理の参加手続をいかに管理していくべきかという問題は、ICC規程並びに手続及び証拠規則の中には大枠の定めはあるものの、その詳細は今後の実践の中で確立していくべき問題である。

(4) 裁判所は、被害者の代理人に対し、法廷でいかなる程度の役割をあたえるべきであろうか。手続及び証拠規則によれば、冒頭陳述、最終弁論、最終陳述も可能とされている。裁判部が書面での意見提出に限定した場合を除き、審理への口頭での参加も可能であり、証人尋問を行うことも可能とされている。

(5) 被害者は、集団を組成し、共通の代理人を選任することを要請されることがあるが、これは審理を遅延させないことを目的としている。

3 被害者に対する賠償

裁判所は、有罪の判決を受けた者に対し、被害者に対する又は被害者に係る

適切な賠償（原状回復、補償及びリハビリテーションの提供を含む）を特定した命令を直接発することができる（75条2項前段）。裁判所は、この賠償に関する原則を確立することが求められるとともに（同条1項）、適当な場合には、締約国会議の決定により設置された犯罪の被害者及びその家族のための信託基金を通じて賠償の最低額の支払を命ずることができる（同条2項後段、79条）。

4　代理人リスト

　ICCは被害者及びその家族についても法律扶助制度を設け、ICC書記局は、一定の経験を積んだ弁護士を被害者の代理人となるリストとして管理し、さらにコンゴ民主共和国やウガンダにおいて弁護士に対する研修コースを提供したこともある。

5　被害者証人課

　ICC書記局は、特別に被害者証人課を設け、被害者と証人に対しICCに出廷する際の支援と保護を提供している。

（みやけ・しゅんじ）

第5章

パネルディスカッション1

国際刑事手続における武器対等の原則

宮家俊治

1. はじめに

「国際刑事手続における武器対等原則」を主題とし、第1に、ザビエ・ジャン・ケイタ氏（ICC弁護のための公設弁護士事務所首席弁護士）「国際刑事手続における武器対等原則：弁護のための公設弁護士事務所の役割」について、第2に、エリーゼ・グロー氏（カナダ弁護士）より「武器対等原則における弁護士会の役割」について、第3に、ダニエル・アシャック氏（アメリカ合衆国弁護士）による「国際刑事実務における武器対等原則」について、第4に、シュテファン・キルシュ氏（ドイツ弁護士）による「ICC規程の国内手続に与える影響」について、それぞれ発表がなされ、その後会場参加者も含めた質疑応答が行われました。

筆者は、上記基調報告とパネルによって、各種特別法廷さらにはICCといった国際刑事法廷において武器対等原則が認められてきたとはいえ、これを具体的な場面に適用することの困難性を実感しました。検察と弁護人との形式的な平等は

図り得ないとしても、少なくとも、弁護人が被疑者・被告人のために予審部・裁判部において訴訟行為を追行するにあたっては十分な人的・物的な資源の配分がなされることが極めて重要であって、これらの実現なくしては武器対等ひいては公正な裁判を実現することはできないのです。加えて、ICCでは、被疑者・被告人は検察だけではなく、当事者として参加する被害者に対しても十分な防御活動を展開しなければならなくなったことも、武器対等原則を一層複雑化させ、被疑者／被告人のための弁護人への資源配分がより多く求められることが要請されることになるでしょう。

2. 国際刑事手続における武器対等原則
：弁護のための公設弁護士事務所の役割

ザビエ・ジャン・ケイタ氏

1　ICCの基本構造と武器対等

ICCのウェブサイトにアクセスすると、基本的な構造として、統括部、裁判官部、検察局及び書記局の4個の組織があることが分かりますが、その中には弁護人については何も言及されていません。さらに「その他の組織」の欄を開くと、ようやく弁護のための公設弁護士事務所（OPCD）、被害者のための公設弁護士事務所（OPCV）及び被害者のための信託基金の3個の組織が記載されています。このように、弁護人について基本的な構造の中には言及されていないことからだけでも、果たして、武器対等原則は保障されているのかという疑問が発生します。

2　OPCDとは

OPCDは、ICC規程により設置されたのではなく、ICC設立後の2004年5月に採択された裁判所規則の77条により、同月26日に設置された組織です。被告人の防護権を保護することを目的とするICC規程57条及び規則47に基づいています。

同規則77条は、書記局長は以下の目的の公設弁護人事務所を設置し発展させると規定しています（1項）。その目的とは、第1に、捜査の初期段階における被疑者・被告人の権利を擁護し保護すること（4項）、第2に、弁護人及び法的援助を受けることができる地位にある者に対し、(a)法律調査及び法的助言を与え

ること、ならびに(b)特定の問題について法廷に出頭すること（5項）です。なお、同条2項は、OPCDは司法行政についてのみ書記局の権限が及ぶにすぎず、その他の権能については完全に独立した組織であることを明言しています。

同規則76条は、裁判所は書記局の管理する弁護人リストからだけではなく、OPCDメンバーからも弁護人を選任することができると規定しています。

書記局規則119条は、法的支援を受けることができる地位にある者と弁護人との間で紛争が生じた場合には、書記局が調停を申し出て、OPCDが調停人となることができる旨を定めています。

3　武器の対等（equality of arm）から武器の質（quality of arm）へ

質の高い武器とはいかなる内実を有するのでしょうか。

この点について、旧ユーゴスラビア特別法廷（ICTY）上訴審は、武器対等原則について、両当事者が物理的に同等の（物的・人的）資源を有することを意味するのではなく、裁判所において同等の取り扱いを受けることを意味するに過ぎないと判断されてきたこともありますが、国際法廷では国内法廷で認められてきたものよりリベラルに解釈されなければならない、と判示しました。

ICC書記局の理解は、ブルーノ・カターラ事務局長が2004年に開催された登録弁護人セミナーで発言したように、武器対等原則は極めて複雑な問題であり単純な数学的な平等と捉えることはできない、というものです。OPCDも、適用場面に応じて武器平等原則の硬軟が異なるという意味において同旨に理解しているようです。

4　構成、資源、利益相反

OPCDは、法廷で現実に活動する公的弁護人で構成する事務所ではありません。OPCDの人的資源は、主任弁護人1人、補助弁護人1人、ケース・マネージャー1人、管理アシスタント弁護士1人、法律アシスタント1人、インターン1人です。

OPCDは、例外的に、個別の問題や被疑者・被告人について書面を提出することがある。例えば、ルバンガ事件では、E-Court文書の極めて技術的な内容について説明を行いました。また、ルバンガ氏の主任弁護人が急遽コンゴ民主共和国を訪問せざるを得なくなった際に、この弁護人に代わりOPCDが書面を提出したこともあります。

しかし、ルバンガ事件で、ICC の任命した最初の公設弁護人が病気を原因として辞任した際に、OPCD は予審部から弁護団へ支援を行うよう求められたのですが、特定の被疑者・被告人にかかわる事実や主張について立場を明らかにし、または秘密情報に接するとすれば、他の弁護団に対し同等の支援を行うことができなくなる虞がある旨の書面を提出して反対したのです。

OPCD が支援を提供する弁護団との間で利益相反を生み出さないようにするためには、OPCD が独立性を維持することが重要です。例えば、ルバンガ氏の弁護人がコンゴ民主共和国を訪問せざるを得なかった時に検察側は OPCD に対し弁護人を務めるよう求めたのですが、裁判所（控訴部）はこれを認めませんでした。これは、OPCD の独立した地位を支持し、ルバンガ氏が自由に弁護人を選任できる権利を尊重したからです。

3. 武器対等原則における弁護士会の役割
エリーゼ・グロー氏（ICB 前共同会長／カナダ弁護士）

1　ICC 及び ICB の設立

ICC は、1994 年から 2003 年までにわたる、ジェノサイドの罪を犯した者は必ず処罰されなければならないという国際的な潮流の中で設立されました。ICTY やＩＣＴＲといった特別法廷で多数の者が起訴される中で、ICC 規程は 1998 年署名され 2003 年成立に必要な批准がなされたのであり、ICC は極めて迅速に設立されたのです。

このような国際刑事法廷の趨勢の中で、2002 年から 2003 年にかけて ICB は設立されました。ICB は、ICC とともに未だ初期の段階にありますが、現時点の課題は、果たすべき役割を明確化し、十分な（人的・物的）資源を蓄え、自らの正当性を確立することにあります。

2　ICB と武器対等原則

ICB の重要な役割の一つとして、ICC における公正な裁判を確保することがあげられます。そのためには、弁護人、検察及び被害者との間で武器対等原則を確立することが必要です。

ICB は、以下の 3 段階で武器対等原則を促進させる役割を果たすことができる

のです。
　(1)　個々の事件と弁護人
　ICB は、個々の事件の弁護団のために、弁護士が国際的なネットワークへアクセスすることを確保するとともに、トレーニングの提供、(人的・物的) 資源の提供、情報の提供といった支援を提供することが求められます。検察は弁護人をはるかに上回る組織を有していることからすれば、ICB による組織的な支援は極めて重要なのです。
　(2)　公正な裁判手続
　ICB は、弁護人選任権などの公正な裁判にかかわる重要な問題について発言することができます。このような問題は、個別の事件での問題にとどまらず、一般的な規則や政策の問題として取り上げられる必要があることが多いでしょう。
　(3)　組織の確立−独立した法律家専門集団
　ICB は、ICC において、裁判所、検察と並ぶ第3の柱を確立するための基礎となるべくして設立された組織です。組織としての独立性を維持確保することは、上記2個の役割を効果的に果たしていくためにも重要です。ICB の正当性が確立されることは、ICC の正当性が受容されるために必要であり、両者は相互に関連した問題なのです。

4.　国際刑事実務における武器対等原則
ダニエル・アシャック氏 （アメリカ合衆国弁護士）

　ICC においても武器対等原則は承認されているといわれています (67条(b)等)。武器対等原則については、ICC のウェブサイトでも説明されているほか、2006年9月には予審部がルバンガ事件において ICC でも適用される原則であることを明言しました。
　武器対等は、弁護側と検察側に等しい (人的・物的) 資源を保障することによって実現されると捉えるならば、このことはシオラレオネ、ルワンダ、旧ユーゴスラビアにおける特別法廷においても、また ICC においても実現されているとは到底いえない状況にあります。
　ICC は新しく複雑なものであるにもかかわらず、被疑者に対する公的弁護 (法律扶助) 制度は十分なものではありません。ICC における法律扶助制度では、

起訴前段階では、被疑者に1名の公的弁護人と1名のアシスタントをつけることしか認めていません。ICCが扱った最初の事件では、被害者から74件の参加申立があり、弁護人は各申立について調査を行い、意見を述べる必要があったのであるが、ICCから特別な支援は全くなされなかったのです。

ICCの弁護人からは、証人との連絡、無罪を証明するための検察側証拠の入手、さらには弁護人の母国語への翻訳が困難であることが報告されています。1人のアシスタントしか持たない起訴前の弁護人は、検察側の提出する膨大な量の文書の中で溺れるような状態にあるのです。検察側が外国で認められる免責特権も弁護人には認められていません。

今後ICCが信頼を獲得していくためには、武器対等を実現していくことが不可欠です。検察側書面には4名の経験豊かな検事の署名がなされ、検察側にはスタッフも含め十分な人的資源が与えられています。これに対し、弁護側には1名の弁護士（事情に応じもう1名付されることもあります）と1名のアシスタントがいるだけであり、これでは武器対等に遠く及ばないといわざるを得ないのです。

5. ICC規程の国内手続に与える影響
シュテファン・キルシュ（ドイツ弁護士）

ここでは、ICC規程の国内手続に与える影響について議論します。まず、①理論上想起しうる憲法上の問題として、3点が指摘できます。(a) ICC規程27条が議員などの公的資格によって免責されないとされていることと免責特権との衝突(b)自国民引渡し禁止原則との衝突、(c)懲役刑の上限などが定まっている国においては、ICC規程上終身刑が規定されていることの許容性が問題になります。これについての各国の対応例については割愛します。

さらに、②実施上の問題として、まず、ローマ規程の第9部及び第10部に規定された、被疑者の引き渡し、証人や証拠の移送などの締約国の協力義務を履行するための法手続が必要になります。また、ICC規程70条が、証拠の改ざん、証人への不正な働きかけなど、司法の運営に対する犯罪を規定しており、国内法での犯罪化を求めているので、国内法の対応が必要です。

また、③他の重要問題として、補完性の原則について指摘したいと思います。ICC規程上義務づけられていないとはいえ、補完性の原則の趣旨からいえば、締

約国が国内刑法で、戦争犯罪、ジェノサイド、人道に対する罪を処罰できるようにすべきです。それができないということであると、ICCが捜査・訴追をするということになるわけです。また、上官責任や時効・出訴期間の制限についても同様の問題が起こります。国内刑法で上官責任が追及できないとか、時効が問題になるということであると、ICCが捜査・訴追するということがあり得えます。

最後に、長期的な影響について述べたいと思います。ICCの手続と国内の手続が相互に影響を及ぼすということです。ICCはまだ、動きつつある発展途上の機関ですから、国内法からの意見を求めております。また、ICCで行われる取り調べの録音・録画について、国内手続に取り入れるということもあるかもしれません。

また、ICCの実務は、たとえば、証拠開示のあり方についてもいろいろな議論がなされていますが、そのようなことは、公正な裁判の基準について、議論、交流を強化するための刺激になると考えます。

(みやけ・しゅんじ)

第6章

パネルディスカッション2

各国刑事手続における武器対等の原則

原田いづみ

1. はじめに

「各国刑事手続における武器対等の原則」のパネルディスカッションにおいては、日本、韓国、香港、インド、中国から、各国刑事手続における武器対等の原則についての報告がなされました。司会はレックス・ラズリー氏（オーストラリア弁護士）と、中村順英氏（日本弁護士連合会ICB拡大理事会等実行ワーキンググループ座長）で、それぞれの国の刑事訴訟法が抱える現状及び問題点、また近年の改正についての発言がありました。

2. 日本における証拠開示の問題と武器対等
前田裕司氏（日本弁護士連合会刑事弁護センター副委員長）

まず、最初に、日本の弁護士である前田裕司氏から発言があり、日本における証拠開示について問題提起がなされました。

2年ほど前までは、日本では証拠開示に関しては、第1回公判前に弁護人が検察官の請求予定の証拠を閲覧・謄写をしたうえで、さらに弁護人が手に入れたい証拠があっても、検察官が任意にこれに応じない場合には、裁判所に対して検察官に証拠開示を命ずるよう申し立て、裁判所の勧告・命令を待つということをしていました。しかし、刑事訴訟法が一部改正され、2005年の11月からは公判前整理手続が始まり、その公判前整理手続の中で、一定の範囲での弁護人の証拠開示の請求権が認められることになったことが報告されました。

　また、前田氏によりますと、日本弁護士連合会では、捜査官による取調べすべての過程における録画・録音を求めており、検察庁がようやく不十分ながら2006年の8月から試験的な実施を始めたことも報告されました。さらに取り上げられた問題は、被疑者・被告人の早期の身体拘束からの解放です。2009年から、市民が参加する裁判員裁判が始まりますが、裁判員裁判を有効に機能させるためにも、取調べ過程の録画・録音と、保釈の問題が、早急に改善されなければならないとの指摘がなされました。

3. 韓国における新しい刑事手続
キム・ボンス氏（大韓弁護士協会国際関係担当理事）

　次に、韓国のキム・ボンス氏から、最近韓国で制定された国民参与裁判（陪審員制度）に関する重要な刑事訴訟手続に関する法について報告がなされました。

　キム氏によりますと、最近、韓国議会は刑事訴訟法に関して注目すべき法律を通しましたが、その内容は、国民参与裁判（陪審制度）の導入と、武器対等原則による被疑者・被告人の権利を強化したものであるとのことです。政府が強力に推し進めた司法制度改革の一つの狙いは、民事、刑事共に司法手続へ一般の市民が参加する手段を導入するということであり、特に刑事手続に関しては、市民参加により刑事手続に公正さと透明性が確保され、よって市民の司法への信頼が回復できるという確信が政府にはあったとのことでした。長い議論と準備を経て、政府は法案を提出し、2007年4月30日に成立しました。新しい法律は、韓国にとっては全く新しい国民参与裁判（陪審制度）を採用するパイロットプログラムを導入するものであり、施行は2008年1月1日からです。パイロットプログラムとしての法の効力は5年間ですが、その後は最高裁判所が継続について決めるとのこ

とです。このパイロットプログラムでは、陪審員は有罪か無罪かについての評決を行うことができ、刑の宣告に関する意見を言うこともできます。適用される事件はすべてではなく、殺人、強盗、レイプ、汚職などの重大事案で、適用される犯罪のリストは近々最高裁から発表されるとのことです。

　だれが陪審員になるのかにつきましては、韓国国籍を持っている20歳以上の人で、こういった人たちが、もし陪審員候補として務めないということであったならば制裁されるということになっているそうです。

　裁判官が評決とは異なる判決を行う場合には評決と異なる判決をする理由を特定しなければなりません。

　キム氏からは、その他韓国で新しく改正された武器対等にかかわる刑事手続の報告もされ、韓国の司法制度は今回報告された様々な手段の実現により、より公正な裁判の実施に向けた新しい時代に入ったと言えるということです。韓国の司法制度改革の目的は、刑事手続において公正さを確保することであるという強い姿勢が伝わり、非常に印象的でした。

4.　香港における被疑者取調べのビデオ録画制度
ジョン・リーディング氏（検察官：香港）

　リーディング氏はオーストラリア人ですが、香港で23年間、検察官を務めているとのことです。

　リーディング氏からは、香港における被疑者取調べのビデオ録画制度についての報告がなされました。香港でもコモン・ロー制度のもとで当事者制度をとっており、被疑者には無罪推定の原則があり、検察側に立証責任があります。

　ビデオ録取の導入の前、警察官は書面で記録を取っていましたがほぼ必ず、こういう書面の記録を証拠として出すときに、その自白の自発性について異議が出されたそうです。そうすると、警察・検察側としてはそれを合理的な範囲を超えるような形で立証するのは非常に難しく、本当に脅迫等をしなかったのかということが、いつも問題になっていました。しかしこの被疑者のビデオ取調べで、今では自白が自発的に行われたという証拠も挙げることができるわけで、起訴率も上がっているとのことでした。

　リーディング氏の報告は、取調べ状況を録画した画像も提示し、具体的な状況

がわかりやすいもので、前田氏の報告にもあったように、取調べのビデオ録画に関しては、日本でも問題になっており、非常に参考になる報告でした。ただ、質問でもありましたが、録画される前にどのようなやりとりがあったかも問題になるなど、まだまだ検討すべき点は多いように思われました。

5. インドにおける刑事司法制度の現状と問題
トゥルシ氏（インド弁護士）

　報告によりますと、インドの刑事司法制度においては、武器対等は実現されていないとのことでした。その理由は、まず、捜査の段階で警察が捜査をしているとき、真実を究明しようとしているときに、警察は非常に大きなアドバンテージを持っており、被疑者の権利に対して警察の力が強く、そこに対等性はないとのことです。自白の強要、勾留中の問題について、目撃情報のねつ造についてなどの多くの苦情が毎年申請されているとのことでした。しかし、公判の段階になると、今度は弁護側のほうにアドバンテージが移り、被疑者の権利というものが尊重され、有罪の人が無罪放免になる可能性はその逆よりも大きいとのことでした。

　この制度に対する課題として、犯罪率は上がっているのに、有罪率は低下を続けていることが指摘されました。刑事法は抑止効果を失っており、犯罪は高利益のローリスクなビジネスとなっており、汚職はまん延しているとのことでした。そして、このことは、民主主義に脅威を与えるものであるとの指摘がなされました。

6. 中国における刑事訴訟法の現状と今後
リ・ション・ウェイ氏（中華人民共和国　弁護士）

　中国では、1949年の建国以来、長く被疑者・被告人の防御権を認めた刑事訴訟法は整備されてきておらず、最初に、刑事訴訟法ができたのは、1979年だったそうです。しかし、この刑事訴訟法は、非常に「職権主義」なものだったため、1996年の中国刑事訴訟法の大改正がありました。検察側と弁護側の「当事者主義」の方式へ進歩的な発展をしたということでした。しかし、現状はアンバランスな状況であり、例えば訴追側である検察機関が、法院つまり裁判所の裁判権の行使および被告人とその弁護人の訴訟活動を監督する責任があるという本質的

な問題もあるとのことです。また、捜査と起訴審査の活動に対する一定の公開制度や、制約と監督の制度がなく、例えば、勾留や逮捕が、裁判官の許可が必要だという、日本のような「令状主義」の原則はないとのことです。

このほか、裁判では、起訴状一本主義のやり方を一部導入したものの、重要な証拠や証拠のリストは起訴と同時に裁判所に提出され、完全なものではなく、公訴人に提出する証拠の選択権があるため、被告人に有利な証拠が隠されてしまうこともあるとのことでした。

一方、弁護士の側においても弁護士の弁護権に対するこれらの制限と、金銭的に利益の多い民事事件を重視する傾向などから相当多くの刑事事件において弁護士による弁護が行われていない実情にあるとのことでした。

このように、中国の刑事裁判では公訴人・検察側と弁護側の実質的な対等が未だに実現されていないといえますが、現在、中国の立法機関、司法機関、律師（弁護士）協会および学術界は刑事訴訟法のさらなる改正を目指して努力している、という明るい報告もなされました。検察と弁護の対等・平衡の原則を実現するための条件を創造するため、弁護士協会も、法律援助制度の整備と人権を大切にする人材を育成することに努力しているとのことでした。

今後、法律制度の改革においては、無罪推定原則の確立を強化し、犯罪被疑者の「黙秘権・沈黙権」制度を確立し、犯罪の立証責任を明確化することが必要だとの指摘がなされ、中国刑事訴訟の現代化は未だに発展途上で、もう少し時間がかかるかもしれないが、手続正義化は、すでに、路上を走り始めており、時間はかかっても、かならず、実現できるものと確信しているという力強い報告がなされました。

（はらだ・いづみ）

第7章

パネルディスカッション3

国際／国内刑事手続における被害者

原田いづみ

1. はじめに

次のディスカッションのテーマは、「国際／国内刑事手続における被害者」でした。ケネス・ガラント氏（アーカンソー大学教授／ICC法律文書委員会委員：米国）と、日本の鈴木雅子氏（日本弁護士連合会ICB拡大理事会等実行ワーキンググループ事務局次長）が司会でした。

2. ICCにおける被害者
パオリーナ・マシッダ氏（ICC被害者のための弁護士事務所首席弁護士）

最初に発表したのはパオリーナ・マシッダ氏でした。

マシッダ氏からは、ICC規程における被害者の定義の問題、被害者参加方式の問題、被害者の弁護士についての詳細な報告がありました。

まず被害者の定義は、ICC規程には入っておらず、手続及び証拠規則85条

に定めてあり、同条の解釈として、被害者であるというためには4つの原則が2006年1月の予審において示されているということです。その4つの原則とは、①自然人であるということ、②被害を被ったものであること、③被害を発生させた犯罪が裁判所の管轄でなければいけないということ、そして、最も重要なのは、④犯罪と被害を被った被害者のあいだに因果関係がなくてはならない、ということでした。被害者の手続参加の前提問題の「定義」として、これだけの法的問題があるということは大変新鮮な報告で、我が国の議論にも参考になると思いました。また、マシッダ氏が所属する公設被害者代理人事務所の職務内容についても報告されました。

3. 香港における被害者の権利
ジョン・リーディング氏（検察官：香港）

　次にジョン・リーディング氏から香港における被害者の権利についての報告がありました。香港においては、ぜい弱な証人に関しての条項があり、ぜい弱な証人とは、法律上、児童あるいは精神的無能力者、また恐怖の状態にある証人ということになるそうです。
　そして例えば、児童の証人についてですが、被害者の証言というのは、通常書面で記録されますが、ぜい弱な証人の場合、ビデオで記録することもできるとのことでした。精神的無能力者の証言についてもビデオ記録ができ、それを証拠として提出できます。また精神的無能力な被告人も、ビデオで証言することができるとのことでした。
　また、恐怖にさらされる被害者についても、裁判所が証拠を見て、合理的な根拠をもって、この人が自ら、あるいは家族が証言をしたならば危険にさらされるということを納得した場合に裁判所の許可を得てビデオで証言することができるとのことでした。香港にもほかの国と同様、組織犯罪があり、被告人に対する恐怖があって証言が困難になるという場合があります。そういった状況に対処するための条項だそうです。
　また、香港においては、犯罪被害者憲章というものがあります。ここには、被害者の定義というのもあり、肉体的、心理的な障害を受けた者、あるいは財産の被害を受けた者、これは犯罪の行為から直接受けた人ということになり、自らが対

象でなくても、犯罪の行為で被害を受けたものも含まれ、例えば性的暴力を受けた子の親や殺人事件の被害者となった人の近親者も含まれるとのことでした。そして、憲章の中には、被害者の権利とともに、義務も規定されており、法律を遵守し、犯罪を防止するための措置を十分にとること、例えば個人の財産に関しては、それをきちんと保全する、また犯罪や怪しい状況、建物の周りをうろついている人たちに関しては通報する、警察から要請されたときには協力する、個人的な危険がない場合には証人としても協力するということが内容だそうです。被害者の義務も権利とともにさだめられているというのは、新しい視点であり、我が国にも応用できるものであると感じました。

4. オーストラリアにおける被害者
レックス・ラズリー氏（オーストラリア弁護士／ICB理事）

次に、レックス・ラズリー氏からの報告でした。

ラズリー氏は、長く刑事弁護の経験を持っておられる弁護士であり、被疑者・被告人弁護の視点から、被害者の権利をどうとらえるかについて、話をしていただきました。刑事弁護人としての視点から、非常に共感を覚える内容の報告でした。

まず、ラズリー氏は、被害者の権利というのは、被疑者・被告人弁護の視点からいうならば、弁護士はそこにおいて特定の役割を演じていかなければならない、と指摘しました。

それは、まず最初にその被害者に対して問うていかなければならず、また、証拠の提供を求めていかなければならないからであり、被害者の権利、被害者の保護というものは、弁護人ではなく、ほかの当事者の責任であるからだ、とのことでした。

オーストラリアで、例えば性的な犯罪の場合、ありとあらゆる保護が、被害者に対して与えられ、女性だろうと児童だろうと、もしそういった犯罪の対象となったならば、可能な限りの保護と、またプライバシーを合理的な形で確保できるようにしていくそうです。

そして、ラズリー氏は、問題点として、被害者が感じる問題というのは、被告人の権利として、それを追及する人たちに対して直面する権利であるということを指摘されました。例えば、オーストラリアには反テロ法というのがあり、ある特定条

件において、目撃者がだれかということを特定しなくてもよいということになっているが、そうなってくると、それは、自分を告発している人はだれなのか、その告発している人が被害者でないということもありえるわけだそうです。そういった例をひきながら、被告人弁護士のほうから深刻に、どのような事件においても、その被害者がだれであるかということを、きちんと明らかにしていかなくてはならない局面が出てくると思うとの指摘でありました。またさらに、被害者が当初検察官や、捜査官によってどのように待遇されるのか、またプロセスのあと、どのように待遇されるのか、彼らとしては保護されて当然であるが、しかし適切なる防御といったものを、重大なる犯罪を行ったと申し立てられている被告人のほうに対しても与えられなくてはいけない、というラズリー氏の言葉はまさに長年刑事弁護に携わってきた弁護士ならではのものだと思いました。

5. カンボジア王国におけるカンボジア特別法廷と被害者
リー・タイセン氏（カンボジア王国弁護士会事務総長）

　次はカンボジア王国から、リー・タイセン氏で、「カンボジア特別法廷と被害者」についての報告がありました。

　カンボジア特別法廷（Extraordinary Chambers in the Courts of Cambodia=ECCC）の設立に際しては、非常に複雑な交渉が、国連と、そしてカンボジア政府の間で行われ、これが数年続いたすえに民主カンボジアで起こされた1975年から1979年にかけての犯罪に対応するために特別法廷が設立されたとのことです。カンボジア特別法廷は、他の特別国際法廷と比べますと、特別な特徴があり、それは、カンボジアの国内法廷だということです。すなわち、カンボジアの既存の裁判制度の中に入るものです。被害者の権利に関しては、発表の時点では内部ルールの草案を構築中であるとのことでした。被害者の権利や被害者がどのようにプロセスに参加できるか。あるいはどのような賠償を受けることができるか、加害者による被害の賠償を受けることができるかということが、検討中であるということです[*1]。

6. 国際人道法に基づく個人補償請求権と日本裁判
鈴木五十三氏（日本弁護士連合会国際人権問題委員会委員長）

　最後は、鈴木五十三氏からの発表で、日本の裁判所で、オランダなどの元捕虜、民間抑留者の個人請求権がどう判断されたかというテーマでした。鈴木氏は過去十数年間、オランダ、英国、米国、オーストラリア、そのほかの連合国の捕虜・民間抑留者の訴訟の代理をしてきているそうです。1994年、1995年には、15人の原告代表が東京地方裁判所に補償請求の訴訟を提起し、彼らは数十万人の代表として、これを遂行しました。補償の請求は、日本軍による抑留中の不適切な取り扱い、虐待により被った傷害に対するものでした。

　この裁判では、原告は請求の原因を国際人道法に求めました。国際人道法は、抑留時にもすでに存在しており、それに対する違反行為があったとして訴えたわけです。非人道的な取り扱いを受けた、食料と住居の不足を経験した、強制労働を経験したということで、このような抑留者の受けた虐待は、1929年の捕虜の取り扱いに関するジュネーブ条約、それから1907年のハーグ陸戦条約に違反していると主張しました。これらの条約に対する違反というものには時効がありません。しかし、今述べたような条約のもとで各個人が直接的な補償を受ける権利があるかということは、まだ確立されていませんでした。

　それに対しまして、1999年、東京地裁は原告の請求を棄却しました。東京地裁は、このような抑留者に対する不適切な処遇があった、そしてそれはその当時存在していた人道法に対する違反であったということを認めましたが、個人が政府から補償を得る権利の存在に関しては、これを否定しました。国際法というのは、国家間の問題にしか適用できず、国家と個人の間の問題には適用できないという理由からです。東京高等裁判所、また最高裁判所は、東京地裁の原判決を維持しました。そして、最終的に判決は確定しました。

　鈴木氏の報告は、人道法に対する違反に基づき個人が政府に対し補償請求を実現することが容易ではないことを認識させてくれました。これは日本に限らず、ほかの国でも同様であり、個人の権利が国際法から直接に生じるかという問いに対しては、まだ完全な答えが出ておらず、世界各国の司法の場で、あるいは国際社会の中で議論を深めていかなければならない課題です。補償を実現するための一つの方法としては、国際的な組織、国際的な機関を設置するということもその一

つであり、ICC も、その一つと考えられるとも指摘されました。

注
*1 なお、ECCC における被害者対策について、シンポジウム当時は規約を整備中とのことであったが、2007 年 6 月に採択、2008 年 2 月に改訂された内規において、被害者ユニットの創設、被害者ユニットの職務内容などの規定が整備され（12 条）、その他被害者に関する規定も設けられている（23 条）。詳細は ECCC Web-site http://www.eccc.gov.kh/english/ から Internal Rules の項を参照。

（はらだ・いづみ）

《ICB拡大理事会及び国際刑事セミナープログラム》

2007年5月18日（金）

10:00～12:00　ICB理事会

12:00～13:15　昼食

13:15～15:15
ICC、ICB、ローエイシア、アジア・太平洋地域の法曹との懇談会

司会：東澤靖氏（ICB理事・アジア担当）

開会挨拶

鈴木五十三氏
（日本弁護士連合会国際人権問題委員会委員長）

ICCの概要およびICCからアジアへ期待すること

Mr. Didier Preira
(Head Division of Victims &Counsel, ICC)
　ディディエー・プレイラ氏
　（ICC被害者及び弁護人部部長）

ICBの概要とICCにおける役割

Mr. Eberhard Kempf (Co-President, ICB)
　エベルハルト・ケンプ氏（ICB共同会長）

ローエイシアおよびアジア各国の弁護士会代表者からの報告
「各国におけるICCおよび同裁判所で取り扱われる各課題についての現状・発展」

a. Mr. Gordon Hughes
(Former President, Chairperson of the Human Rights Committee, LAWASIA)
　ゴードン・ヒューズ氏
　（ローエイシア前会長／同人権委員会議長）

b. Mr. Beom Su Kim
(executive director of international relations, Korean bar Association)
　キム・ボンス（金範洙）氏
　（大韓弁護士協会国際関係担当理事）

c. Mr. Bishwa K Mainali
(President, Nepal Bar Association)
　ビシャワ・K・マイナリ氏
　（ネパール弁護士会会長）

d. Mr. Bun Honn
(Former secretary general, Bar Association of Kingdom of Cambodia)
　ブン・ホン氏
　（カンボジア王国弁護士会前事務総長）

e. 中村順英氏
（日本弁護士連合会ICB拡大理事会等実行ワーキンググループ座長）

討議および質疑応答

ICCからのコメント

Mr. San Hyun Song
(Judge of the Appeal Division, ICC)
　ソン・サンヒュン（宋相現）氏
　（ICC上訴部判事）

15:45～17:30　ICB理事会（続）

18:00～20:00　レセプション
（日本弁護士連合会主催/於　日本弁護士連合会）

2007年5月19日（土）

9:30～10:10
ICCにおける弁護士（会）の役割

a. 挨拶

平山正剛氏（日本弁護士連合会会長）

森山真弓氏（衆議院議員／元法務大臣／PGA議員連盟会長）

小松一郎氏（外務省国際法局長）

b. ICBの概要

Mr. Jeroen Brouwer (Co-president, ICB)
　ジェローン・ブロワー氏（ICB共同会長）

c. ICCと弁護士会

Mr. Mah Weng Kwai (President, LAWASIA)
　マー・ウェン・クワイ氏（ローエイシア会長）

d. 本セミナーについて

東澤靖氏（ICB理事・アジア担当）

10:10～11:30　基調報告

a. ICCにおける武器対等の原則

ソン・サンヒュン氏

b. ICCにおける被害者

ディディエー・プレイラ氏

c. 質疑応答

11:45～13:00　パネルディスカッション1
「国際刑事手続における武器対等原則」

司会：エベルハルト・ケンプ氏
　　　新倉修氏（青山学院大学教授）

a. 国際刑事手続における武器対等原則：弁護のための公設弁護士事務所の役割

Mr. Xavier Jean Keïta
(Principal Counsel Office of Public Counsel for the Defense, ICC)
　　ザビエ・ジャン・ケイタ氏
　　（ICC 弁護のための公設弁護士事務所首席弁護士）

b. 武器対等原則における弁護士会の役割

Ms. Elise Groulx
(Former co-president, ICB attorney in Canada)
　　エリーゼ・グロー氏
　　（ICB 前共同会長／カナダ弁護士）

c. 国際刑事実務における武器対等原則

Mr. Daniel Arshack (Director, ICB attorney in USA)
　　ダニエル・アシャック氏（ICB 理事／米国弁護士）

d. ICC 規程の国内手続に与える影響

Mr. Stefan Kirsch (Director, ICB attorney in Germany)
　　シュテファン・キルシュ氏（ICB 理事／ドイツ弁護士）

e. 質疑応答

13:00～14:00　　　　昼食
ランチタイム・特別セミナー
「平和構築と司法・弁護士の役割――東ティモールの経験から」

長谷川祐弘氏
（前国連事務総長東ティモール特別代表／法政大学教授／国連大学客員教授）
司会：佐藤安信氏
　　（東京大学大学院総合文化研究科「人間の安全保障」プログラム教授）

14:00～15:15　パネルディスカッション2
「各国刑事手続における武器対等の原則」

司会：Mr. Lex Lasry
　　　(Director, ICB Attorney in Australia)
　　　レックス・ラズリー氏
　　　（ICB 理事／オーストラリア弁護士）
　　　中村順英氏

a. 日本における証拠開示の問題と武器対等

前田裕司氏
（日本弁護士連合会刑事弁護センター副委員長）

b. 韓国における新しい刑事手続

キム・ボンス氏

c. 香港における被疑者取調べのビデオ録画制度

Mr. John Reading (Prosecutor, Hong Kong)
　　ジョン・リーディング氏（検察官：香港）

d. インドにおける刑事司法制度の現状と問題

Mr. KTS Tulsi (Attorney in India)
　　KTS. トゥルシ氏（インド弁護士）

e. 中国における刑事訴訟法の現状と今後

Mr. Li Xiong Wei (Attorney in China)
　　リ・ション・ウェイ（李雄偉）氏（中華人民共和国弁護士）

f. 質疑応答

16:00～17:20　パネルディスカッション3
「国際／国内刑事手続における被害者」

司会：Kenneth Gallant
　　　ケネス・ガラント氏（アーカンソー大学教授／ICC 法律文書委員会委員：米国）
　　　鈴木雅子氏
　　　（日本弁護士連合会 ICB 拡大理事会等実行ワーキンググループ事務局次長）

a. ICC における被害者

Ms. Paolina Massidda
(Principal Counsel Office of Public Counsel for Victims, ICC)
　　パオリーナ・マシッダ氏
　　（ICC 被害者のための公設弁護士事務所首席弁護士）

b. 香港における犯罪被害者

ジョン・リーディング氏

c. オーストラリアにおける被害者

レックス・ラズリー氏

d. カンボジア王国におけるカンボジア特別法廷と被害者

Mr. Ly Taiseng
(Secretary General, Bar Association of Kingdom of Cambodia)
　　リー・タイセン氏
　　（カンボジア王国弁護士会事務総長）

e. 国際人道法に基づく個人補償請求権と日本裁判

鈴木五十三氏

f. 質疑応答

17:20～17:30　閉会の挨拶

細田初男氏（日本弁護士連合会副会長）

18:30～20:30　レセプション
（主催：Lawyer for ICC in Japan　於：カナダ大使館）

2007年5月東京会合によせて

ジェロエン・ブロウワー（国際刑事弁護士会前会長）

　皇居前にある広大な広場である皇居外苑から、内側の皇居の入り口となる二重橋を、訪れた者は見ることができる。前方の石橋は、その外見から眼鏡橋と呼ばれる。

　日本弁護士連合会（日弁連）、アジア太平洋弁護士協会（LAWASIA）そして国際刑事弁護士会（ICB）は、2007年5月19日に東京で、互いの間に橋を架け、多数の参加者を迎えた国際刑事法セミナーを成功裏に開催することができた。

　ICBは、個人会員、弁護士会や法曹協会、独立した弁護士団体そして国際法の分野で活躍する非政府機関（NGOs）を含んで、すべての大陸、すべての法制度から世界中の法律家社会が一緒になって、新しい国際刑事裁判所（ICC）と国際刑事司法制度を支える力ために創り出された。

　国際刑事弁護士会は、ICCの諸機関と密接な協力関係を保ちながら、国際刑事司法にかかわる弁護士を手伝い、導きとなり、支えることを目的としている。それは、被害者や被告人を問わず、誰に対しても良質の代理をする弁護士への最善のアクセスを保障することを不可欠の任務のひとつとする、これまでの国内の弁護士会が果たしてきた役割である。同時にICBは、会員弁護士の利益を増進し、守ることを確保しようとしている。このようにしてICBは、その専門性と経験とを通じて、国際刑事司法制度が時として陥る運営上の迷路に入り込んだ会員弁護士を救おうともしている。

　よく組織された東京セミナーは、刑事の諸問題に関心を持ち実務を行う参加者に、その専門性を分かち合い、国際刑事手続への理解を深めるこの上ない機会を提供してくれた。

　前に述べたように、皇居前の石橋、眼鏡橋は、水面にそのアーチを映すさまからそのように呼ばれている。ICCとICBが位置するオランダのハーグから見れば、

日本の東京と橋を架けるためには、両者を映し出す眼鏡橋が必要となる。

　日弁連の印象的なもてなしと重要なセミナーは、東西をつなぐためにこの上ないものであった。私たちの同僚である東澤靖氏は、現在、ICBの執行委員会の一員である。これもまた日弁連とICBの近しい関係の一例である。

　日弁連に対しては、さらに会合の成果を本書にまとめる労をとっていただいたことに感謝し、あわせて編集にあたられた方の貢献を祝福したい。

　二重橋は、数世紀にわたり存在している。私たち専門家の協力も将来、同じものとなるだろう。

　　　　　　　　　　　　　　　　　　　　　　　　　ジェロエン・ブロゥワー

BRIEF MESSAGE ABOUT THE TOKYO MEETINGS IN MAY 2007

BY JEROEN BROUWER,
FORMER PRESIDENT OF THE INTERNATIONAL CRIMINAL BAR

From Kokyo Gaien, the large plaza in front of the Imperial Palace, visitors can view the Nijubashi, two bridges that form an entrance to the inner palace grounds. The stone bridge in front is called Meganebashi (Eyeglass Bridge) for its looks.

The Japan Federation of Bar Associations (JFBA), the Law Association for Asia and the Pacific (LAWASIA) and the International Criminal Bar (ICB) were able to bridge to each-other and to organize a successful very well-attended International Criminal Law Seminar in Tokyo on May 19, 2007.

The ICB was created to bring together the international legal community, including the individual members, bar associations and law societies as well as the independent associations of lawyers and non-governmental organisations (NGOs) working within the field of international law, from all continents and all legal systems, to support the new International Criminal Court (ICC) and the international criminal justice system.

The International Criminal Bar, through its close cooperation with the bodies of the ICC, intends to assist counsels, to guide and support them in their commitment to international criminal justice, thus playing the traditional role of national bar associations, of which one of the essential vocations is to guarantee everyone, whether victim or accused, the best access to quality legal representation. At the same time, the ICB is trying to ensure the promotion and defence of the interests of its members.

Thus the ICB, through its expertise and its experience, seeks to help its members in the administrative labyrinth that the international criminal justice system can sometimes be.

The very well-organized Tokyo seminar provided an invaluable opportunity for the attendees interested and practising in criminal issues to share their expertise and deepen their understanding of international criminal proceedings.

As I mentioned before, the stone bridge Meganebashi in front of the Imperial Palace, is called Eyeglass Bridge because of the mirroring of the arch in the water. From the perspective of The Hague in The Netherlands, the seat of the ICC and the ICB, you need a mirroring Meganebashi to bridge to Tokyo, Japan!

The impressive hospitality of the JFBA and the important seminar were invaluable to connect East and West.

Our colleague, Mr. Yasushi Higashizawa is now a member of the Executive Committee of the ICB; another expression of the very close relations between the JFBA and the ICB.

I would like to thank again the JFBA for the initiative to collect the results of the meetings in this book and I like to congratulate the editor for his contribution.

The Nijubashi lasted for centuries. The same counts for our professional cooperation in the future!

Jeroen Brouwer

あとがき

　この度、国際刑事弁護士会（ICB）の拡大理事会が日弁連で開催され、しかもこれを契機に国際刑事裁判所（ICC）に関する出版をさせていただいたことは、大変に意義深いものであると考えております。
　ICCは、国際的犯罪において勝者等の多数者による裁きを排除し、法による裁きを行うために創設されたものであります。法の支配による世界平和の実現、これがICC設立の究極の目的であります。勝者等の多数者による裁きを排除し、法による裁きを行うことを具体的な手続において考えるならば、それは多数者の主張のみならず、裁かれる者の側の主張をも適正な手続の下、聞き入れて判決を下すということであります。
　では、裁かれる者の主張を適正に法廷の場で主張するのは誰か。それは、正に弁護人の果たすべき役割であり、使命なのであります。刑事弁護人とは、裁かれる者が世界中の人間から敵視されていたとしても、世界中で唯一の味方となり、裁かれる者の主張を適正に法廷で主張することがその使命ではないでしょうか。ICCにおける弁護人は、ジェノサイド等の国際的な犯罪について弁護活動を行う者であり、そのような意味でその果たすべき弁護人の役割は正に刑事弁護の究極の姿であります。しかしながら、このような究極の刑事弁護を担うということは、極めて巨大な権力と対峙するとともに、世論とも対峙し、弁護人自身が孤立し、極めて大きい精神的負担をも負うということであり、この極めて大きい負担をあえて担おうとする強き使命感を有した弁護人がいなければ、ICCの存立価値はその実質的には没却されてしまうといっても過言ではありません。弁護人に十全な活動が保障されるか否かが法の支配による世界平和の実現の鍵を握っているのであります。
　このような観点からしますと、わが国の全弁護士をもって組織される日弁連においてICBの拡大理事会が開催され、なおかつ、これを契機に日弁連としてICCに関する出版を行うことができ、我が国の弁護士にICC及びICBの存在及びそ

の存在価値を問うことができましたことは極めて大きな意義を有するものであります。

　今回の出版により一人でも多くの弁護士、修習生、法科大学院生等の現実に法曹を目指す方々の中に究極の刑事弁護である国際刑事弁護を担われようとする方が一人でも多く現れることを祈るとともに、法曹を目指されていない方でも本書を通して、ICC及びICBに関心を持っていただき、ICC及びICBの発展にご協力いただける方が一人でも増えることを祈っております。

　最後に本出版にご尽力いただきました日弁連ICB拡大理事会実行ワーキンググループの委員の皆様、日弁連職員の皆様、現代人文社の皆様に御礼を申し上げつつあとがきとさせていただきます。

東京弁護士会
屋宮昇太

◎執筆者プロフィール（五十音順）

安藤泰子　　あんどう・たいこ

青山学院大学法学部准教授・慶応義塾大学法科大学院非常勤講師・法学博士
茨城大学講師、早稲田大学比較法学研究所特別研究員を経て、現職。専門：刑法、国際刑事法。
主な著作：『国際刑事裁判所の理念』（成文堂、2002年）。

一井泰淳　　いちい・たいじゅん

弁護士（第二東京弁護士会所属）
1972年、岡山市生まれ。東京大学法学部卒業。ミシガン大学ロースクール(LLM)修了。司法研修所第52期修了。
主な著作：「国際刑事裁判所における武器対等原則と被害者の権利」自由と正義2007年8月号など。

屋宮昇太　　おくみや・しょうた

弁護士（東京弁護士会所属）
1976年、山口県山陽小野田市生まれ。創価大学卒業。司法研修所第55期修了。2006年, 2007年東京弁護士会刑事弁護委員会副委員長。
主な著作：『刑事弁護ビギナーズ』（共著、現代人文社、2007年）。

鈴木敦士　　すずき・あつし

弁護士（東京弁護士会所属）
1973年、静岡県生まれ。九州大学大学院法学研究科修士課程修了、司法研修所第51期修了、日弁連国際人権問題委員会幹事・同ICB拡大理事会等実行ワーキンググループ幹事。

鈴木雅子　　すずき・まさこ

弁護士（第一東京弁護士会所属）
1973年、横浜市生まれ。上智大学卒業。司法研修所第51期修了。バージニア大学ロースクール卒業（LLM）
主な著作：『難民認定実務マニュアル』（共著、現代人文社、2006年）、『外国人の法律相談Q&A』（共著、ぎょうせい、2001年）。

中村順英　　なかむら・ゆきひで

弁護士（静岡弁護士会所属）・静岡大学法科大学院教授（主として刑事法担当）
1949年、福島県会津若松市生まれ。東京大学教養学部卒業。司法研修所第28期修了。
日弁連刑事弁護センター副委員長、同情報問題対策委員会副委員長などを経て、2005年、日弁連副会長。
主な著作：『ハンドブック刑事弁護』（共著、現代人文社、2005年）。

新倉　修　　にいくら・おさむ

弁護士（東京弁護士会所属）・青山学院大学大学院法務研究科教授
1949年、東京生まれ。1972年、早稲田大学法学部卒業、1974年、同大学院法学研究科修士課程修了、1978年、同大学院博士後期課程単位修得退学。2000年9月弁護士登録。日弁連国際人権問題委員会幹事。
主な著作：共編著『いま日本の法は』（日本評論社、1991年）、編著『少年「犯罪」被害者と情報開示』（現代人文社、2001年）、「東京裁判——事後法と共同謀議」（『歴史地理教育』10月号、1998年）、翻訳「国際刑事裁判所規程・仮訳二訂版」（アムネスティ・インターナショナル日

本支部編『入門　国際刑事裁判所』現代人文社、2005年)、「紛争と法の現在」(『青山法学論集』47巻1-2合併号、2006年)、「国際刑事裁判所規程の批准と国内法整備の課題」(『法律時報』79巻4号、2007年)、「日本のICC加入とアジアの人権状況」(『軍縮問題資料』327号、2008年) ほか。

(明石書店、2007年)、『国際刑事裁判所――最も重大な国際犯罪を裁く』(共著、東信堂、2008年)、『「正義」の再構築に向けて――国際刑事裁判所の可能性と市民社会の役割』(共同監修、現代人文社、2004年)、『入門国際刑事裁判所〜紛争下の暴力をどう裁くのか』(共著、現代人文社、2002年)。

西山　温　　にしやま・あつし

弁護士(第二東京弁護士会所属)
1975年、盛岡市生まれ。東京大学卒業。司法研修所第57期修了。

宮家俊治　　みやけ・しゅんじ

弁護士(第二東京弁護士会所属)
1960年、東京都杉並区生まれ。中央大学卒業。司法研修所第47期修了。
2007年、ICB弁護人名簿登録。2008年、ECCC弁護人名簿登録。

原田いづみ　　はらだ・いづみ

弁護士(栃木県弁護士会所属)
1965年、北海道生まれ。京都大学卒業、新聞記者を経て、司法研修所第51期修了。
主な著作：「代理出産裁判を憲法学的視点から読む――リプロダクティブ・ヘルス／ライツと人権――」東北法学第29号(東北大学大学院東北法学会刊行会、2007年)、「間接差別禁止規定解釈によるフレキシブル・ワーキングへの配慮と平等の本質――イギリス性差別禁止法から学ぶ――」研究ジャーナル第11号(国立女性教育会館、2007年)

森下　忠　　もりした・ただし

弁護士(横浜弁護士会所属)・広島大学名誉教授・岡山大学名誉教授
1924年、鳥取県生まれ。京都大学法学部卒業。
主な著作：『国際刑法学の課題(国際刑法研究第10巻)』(成文堂、2007年)、『刑法適用法の理論』(成文堂、2005年)、『犯罪人引渡法の研究』(成文堂、2004年)、『犯罪人引渡法の理論』(成文堂、1993年)などがある。

東澤　靖　　ひがしざわ・やすし

弁護士(第二東京弁護士会所属)・明治学院大学法科大学院教授
1959年、福島県生まれ。東京大学法学部卒業。司法研修所第38期修了。
国際刑事弁護士会(ICB)理事・執行委員、日弁連国際人権問題委員会副委員長。
主な著作：『国際刑事裁判所　法と実務』

国際刑事裁判所の扉をあける
<small>こくさいけいじさいばんしょ とびら</small>

2008年8月30日 第1版第1刷

編　者	日本弁護士連合会 <small>にほんべんごしれんごうかい</small>
発行人	成澤壽信
発行所	株式会社 現代人文社
	〒160-0004　東京都新宿区四谷2-10 八ッ橋ビル7階
	振　替　00130-3-52366
	電　話　03-5379-0307（代表）
	F A X　03-5379-5388
	E-Mail　henshu@genjin.jp（編集部）
	hanbai@genjin.jp（販売部）
	Ｗｅｂ　http://www.genjin.jp
発売所	株式会社 大学図書
印刷所	株式会社 シナノ
装　画	小林マキ
装　丁	Malpu Design（長谷川有香）

検印省略　PRINTED IN JAPAN
ISBN978-4-87798-384-0 C3032
Ⓒ 2008　日本弁護士連合会

本書の一部あるいは全部を無断で複写・転載・転訳載などをすること、または磁気媒体等に入力することは、法律で認められた場合を除き、著作者および出版者の権利の侵害となりますので、これらの行為をする場合には、あらかじめ小社また編集者宛に承諾を求めてください。